EIN REZEPT IST EIN WEGWEISER –
DAS ZIEL: DER GENUSS

Heinrich Gasteiger   Gerhard Wieser   Helmut Bachmann

So kocht Südtirol

Fingerfood

Heinrich Gasteiger Gerhard Wieser Helmut Bachmann

Für Ihren Aperitivo lungo,
Partys, Feste und Buffets ...

ATHESIA VERLAG

LIEBE LESERIN, LIEBER LESER!

Wir freuen uns, dass Sie sich für dieses Buch entschieden haben. Um in Zukunft noch besser auf Ihre Wünsche eingehen zu können, ist uns Ihre Meinung wichtig. Bitte senden Sie uns Ihre Anregungen, Ihre Kritik, Ihr Lob und auch Ihre Fragen zu unseren Büchern. Wir freuen uns auf Ihre Nachricht!

info@so-kocht-suedtirol.it · www.so-kocht-suedtirol.it · Fax +39 0471 08 10 79

www.facebook.com/sokochtsuedtirol

BIBLIOGRAFISCHE INFORMATION DER DEUTSCHEN NATIONALBIBLIOTHEK

Die Deutsche Nationalbibliothek verzeichnet diese Publikation in der Deutschen Nationalbibliografie; detaillierte bibliografische Daten sind im Internet abrufbar: http://dnb.d-nb.de

BILDNACHWEIS

PantherMedia: Seite 50 (karandaev), 64 (karandaev), 88 (MetamorphosaX), 124 (kolesnikovserg)
stock.adobe.com: Seite 7 (alexandro900), 8 (Christian Schwier), 9 (ppi09) 10 (MNStudio links, kab-vision rechts), 11 (ExQuisine), 12 (Boris Ryzhkov), 13 (Kadmy oben, Igor Link unten), 14 (elitravo oben, demphoto Mitte, IVASHstudio unten), 15 (Mangostar), 16 (exclusive-design oben, kab-vision unten links und rechts), 17 (kristina rütten links, Boris Ryzhkov Mitte), 18 (ksch), 19 (rh2010), 28 (djama), 42 (Barbara Pheby), 46 (Simone Voigt), 70 (Tim UR), 74 (Barbara Pheby), 78 (Elena), 84 (omphoto), 92 (Barbara Pheby), 102 (manulito), 106 (preto_perola), 118 (Richard Oechsner), 126 (Maksim Shebeko), 128 (photocrew), 148 (Alexander Raths), 154 (Oliver Hoffmann), 165 (jackfrog)
Teubner Foodfoto: Seite 132
Alle übrigen Aufnahmen stammen von Günther Pichler, Eggen, www.gpichler.com

IMPRESSUM
2018 · Zweite Auflage

Lektorat und Korrektorat: Nicoletta De Rossi und Kathrin Kötz
Nährwertberechnung: Alexandra Rogger
Umschlaggestaltung: ganeshGraphics, Lana
Design & Layout: Athesia-Tappeiner Verlag
Druck: Athesia Druck, Bozen

ISBN 978-88-6839-221-5

www.athesia-tappeiner.com
buchverlag@athesia.it

designed + produced
IN SÜDTIROL

Einfach QR-Code scannen und auf unserer Internetseite informieren.

Fingerfood & Co.

Fingerfood – kleine Häppchen, die man ohne Besteck essen kann – ist eine gute Möglichkeit, viele Gäste auf allerlei Festivitäten unkompliziert zu bewirten. Eigentlich ist diese Art des Essens nicht wirklich etwas Neues, aber sie ist und bleibt die ideale Lösung für kleinere oder größere Runden, auf denen es nicht steif und gesetzt zugehen soll.

Die frischen, feinen Köstlichkeiten, die wir Ihnen vorstellen, werden auf kleinen Tellern, Löffeln, in Schälchen oder Gläsern serviert und können sehr gut vorbereitet werden. Das ist sehr praktisch, wenn man Gäste auf engstem Raum verwöhnen und selber mittendrin sein will.

Mit diesem Buch organisieren Sie im Handumdrehen jede Festlichkeit, egal ob Stehparty, Familienfest, Hochzeit, Taufe, Geburtstagsparty, Sommerfest oder einen gemütlichen Abend mit Freunden. Wir präsentieren Ihnen spannende Rezepte, die für Hobbyköche leicht nachvollziehbar sind. Wenn Sie lieber größere Portionen servieren, können Sie unsere Rezepte selbstverständlich auch für ein Mittag- oder Abendessen verwenden. Sie müssen die Zutatenmengen dann nur entsprechend erhöhen oder die Gästezahl verringern. Lassen Sie sich von unseren Rezepten anregen und entwickeln Sie mit Ihren persönlichen Lieblingszutaten neue Ideen.

Sie werden sehen, Fingerfood ziert jedes Buffet, macht Eindruck und hält für alle Geschmäcker etwas bereit: Ob pikant oder süß, knusprig oder cremig, zum Löffeln oder Dippen, klassisch oder ausgefallen – Ihre Gäste werden immer wieder gerne zugreifen und es sich schmecken lassen.

Wir wünschen Ihnen viel Spaß beim Probieren und Nachkochen.

Heinrich Gasteiger | Gerhard Wieser | Helmut Bachmann

Inhalt

KNUSPRIGES UND GEBACKENES

BRÖTCHEN UND SCHNITTEN

SUPPEN UND DRINKS

GEMÜSE, FRÜCHTE UND PILZE

FISCH UND MEERESFRÜCHTE

FLEISCH UND GEFLÜGEL

REGIONAL UND BODENSTÄNDIG

Wissenswertes

FINGERFOOD: KLEIN UND FEIN

Events jeder Art brauchen, um erfolgreich zu sein – neben guter Musik und bester Gesellschaft –, genau eine Sache: leckeres Essen. Doch manchmal ist ein richtiges Menü keine gute Lösung. Es gibt Anlässe, bei denen ein Buffet mit Fingerfood die gelungenere Alternative ist.

Was ist Fingerfood eigentlich?
Fingerfood, das sind kleine filigrane Häppchen, die man mit ein oder zwei Bissen verzehren kann – ganz ohne Teller und Besteck, einfach so mit den Händen.

Der Anlass macht's!

Jeder Anlass hat auch Einfluss auf das Essen, das serviert wird: Feiert man eine Hochzeit und möchte die Gäste wirklich sättigen? Ist es ein Sektempfang, bei dem zum Prickelwasser nur ein kleiner Snack angeboten wird? Oder handelt es sich um ein zwangloses Event mit Partycharakter, das vielleicht sogar unter einem bestimmten Motto steht? Wenn nur eine kleine Gesellschaft zu verköstigen ist, sieht das Buffet natürlich anders aus als bei einer größeren Gästezahl. Bevor man sich an die Planung der Gerichte macht, sollte man also unbedingt alle diese Fragen klären.

Welches Fingerfood sollte gereicht werden?

Prinzipiell sollte Fingerfood – gerade bei eleganten Feierlichkeiten – nicht zu fettig sein oder gar kleckern, sonst könnte es zu Missgeschicken kommen, die dem Gast die Stimmung verderben. Wer mag schon einen Saucenfleck auf seiner Abendgarderobe! Speisen mit einem Dip oder Dressing können gut in kleinen Gläsern oder Schälchen serviert werden. Denn Fingerfood umfasst heutzutage nicht mehr nur Speisen, die mit den Fingern gegessen werden.
Trotzdem sind die klassischen Häppchen, die man entspannt mit einem Mal im Mund verschwinden lassen kann, noch immer sehr beliebt und stehen auf Fingerfood-Buffets einträchtig neben Spießchen, Löffeln oder Gläschen aller Art. Neben herzhaften Köstlichkeiten sollte man immer auch kleine Süßspeisen servieren, beispielsweise Petits Fours.

Fingerfood kommt überall gut an

Fingerfood – und alle sind zufrieden …– Eines können wir Ihnen garantieren: Für eine lockere Atmosphäre sind Ihnen alle Ihre Gäste dankbar und nichts eignet

Vielfältig, klein, kreativ: Fingerfood ist nicht nur Gaumenfreude, sondern auch Augenweide

sich dafür so gut wie Fingerfood. Das lässt sich einzeln zum Aperitif servieren oder fantasievoll kombiniert am Buffet anrichten, sorgt dafür, dass Gespräche in Schwung und die Gäste in Bewegung bleiben und zudem dafür, dass jeder Gast etwas findet, was seinem Geschmack entspricht. Noch einen weiteren Vorteil hat Fingerfood: Niemals sonst können Köchinnen oder Köche so unmittelbar erleben, wie das bei den Gästen ankommt, was sie vorbereitet haben. Und nie ist Lob unmittelbarer, eingängiger und nachhaltiger, als wenn man den Gästen den Genuss vom Gesicht ablesen kann.

Fingerfood – ein absolutes Lieblingsessen

Bei Empfängen, auf Partys und anderen größeren Veranstaltungen hat sich das Fingerfood als moderne Form der Gastfreundschaft durchgesetzt. Denn auf diese Weise gibt es kein halb abgegessenes Buffet mehr, kein verzweifeltes Jonglieren mit Messer und Gabel im Stehen, keine Riesenportionen, die die Gäste zur Verzweiflung treiben. Wer will, kann sich an wechselnden kleinen Portionen satt essen und so eine große Auswahl verschiedenster Dinge probieren. Man kann von jeder Speise kosten und es wird nicht auffallen, wenn sie einem nicht schmeckt, denn die Portionen sind so klein, dass nach dem Kosten nichts mehr davon übrig ist. Wenn sie einem schmecken, isst man einfach mehrere der kleinen Häppchen, Schälchen, Löffel oder Gläschen.

Die Vielfalt von Fingerfood ist unglaublich groß: Sie reicht von herzhaft bis süß, von warm bis kalt, von deftig bis edel. Es gibt vegetarische Kleinigkeiten oder solche mit Fisch oder Fleisch, es gibt Mediterranes und Fernöstliches, es gibt Fingerfood für lockere Feste oder eine förmlichere Cocktailparty. Kurz: Es gibt Fingerfood für alle Gelegenheiten. Am besten, Sie probieren es einfach aus!

STRESSFREI VORBEREITEN

Fingerfood planen: einfach und effektiv

Wenn Sie ein Fest mit Fingerfood planen, müssen Sie auf viele Dinge achten. Schreiben Sie sich deshalb eine **Checkliste!**

Checkliste

- Stellen Sie die Gerichte zusammen, notieren Sie sich die verschiedenen Arbeitsgänge und wann Sie diese ausführen möchten.
- Beginnen Sie mit jenen Tätigkeiten, die kurz vor dem Eintreffen Ihrer Gäste zu erledigen sind.
- Daran anschließend, schreiben Sie die Speisen auf, die Sie bereits einige Stunden oder Tage vorher zubereiten können bzw. die sich einfrieren lassen.
- Zur besseren Übersicht und zur Erleichterung Ihrer Planung legen Sie die Rezepte bereit.
- Jetzt können Sie die Einkaufsliste erstellen und einkaufen gehen!

Menge

- Wenn Sie viele Gäste einladen möchten, kommt es vor allem auf die richtige Menge an:

DER ANLASS

Überlegen Sie, zu welchem Anlass Sie die kleinen Häppchen reichen:

Gibt es vielleicht ein Motto?

Soll es ungezwungen sein oder eher festlich zugehen?

Kommen die Gäste zum Mittag oder am Abend?

Haben die Gäste eine weite Anfahrt?

Möchten Sie später noch eine weitere Mahlzeit servieren?

Mit 15 Häppchen werden Gäste glücklich und satt, vor allem dann, wenn die kleinen Köstlichkeiten aktiv angeboten werden und beste Zutaten zum Einsatz kommen. Trüffel gibt diesen Brötchen den letzten Schliff.

- Soll nur Fingerfood serviert werden, rechnen Sie mit etwa 15 Kleinigkeiten pro Person.
- Um das Essen abzurunden, sollten 2–3 süße Häppchen dabei sein.
- Bei einem Sektempfang wird weniger gegessen als bei einem abendfüllenden Buffet.
- Bieten Sie verschiedene Variationen in „größeren" Schälchen an, reduziert sich die Anzahl.

Tipps

- Auch wenn es kaum etwas Lockereres gibt als Fingerfood: Achten Sie darauf, dass keine Langeweile aufkommt. Und das heißt in erster Linie, Abwechslung in die Speisenfolge zu bringen, für Überraschungen zu sorgen und Wiederholungen zu vermeiden.
- Berechnen Sie beim Festlegen der Menge Ihres Fingerfoods nicht nur die Zahl der Gäste ein, sondern auch deren Art. Sportler essen – vor allem nach vollbrachter Leistung – mehr als Couchpotatos, junge Menschen mehr als ältere.
- Bei kalter Witterung essen die Menschen meist mehr als an warmen Tagen.
- Geben Sie Ihrer Party ein Motto. Das macht zwar Arbeit, die Party bleibt den Gästen aber länger (und besser) in Erinnerung. Das heißt, Motto wählen und konsequent durchziehen. Also keine italienischen Snacks auf dem Oktoberfest im Garten, keine kühle Präsentation auf der Hippie-Party!

Helfer

Vor allem bei größeren Partys sollten Sie sich auf alle Fälle Unterstützung holen. Engagieren Sie Familienmitglieder oder professionelles Aushilfspersonal. Äußerst hilfreich ist es, einen Verantwortlichen in der Küche zu haben, einen an der Getränke-Theke und einen im Service.

Die Gäste werden es Ihnen danken, weil dadurch der Nachschub nicht zum Stillstand kommt und für einen reibungslosen Ablauf gesorgt ist. Dazu kommt der große Vorteil für Sie als Gastgeber: Sie können Ihre eigene Party besser genießen, sparen sich eine ganze Menge Stress und Hektik, können sich auf Ihre Gäste einlassen und haben zudem Kopf und Hände frei, um sich um all das zu kümmern, was nicht vorgesehen war – denn Unverhofftes bleibt bei einer Party nie aus!

Ab in den Kühlschrank

Bei der Vorbereitung spielt die Zeit eine entscheidende Rolle. Einige Häppchen werden erst kurz vor dem Servieren zubereitet, da eine zu frühe Zubereitung sie unansehnlich werden lässt – denken Sie nur an weich gewordene Teigschiffchen oder welke und unappetitliche Salate oder Kräutergarnituren!

Andere Speisen können bereits am Vortag zubereitet werden und müssen nur noch frisch angerichtet werden.

Diese Speisen halten sich gut im Kühlschrank:

- **Brot-Häppchen** lassen sich gut einige Stunden vorher vorbereiten und mit einer Folie abgedeckt im Kühlschrank aufbewahren. Das gilt jedoch nicht für Häppchen mit cremigen Aufstrichen. Diese sollten besser frisch zubereitet werden, da sie sonst durchweichen.
- **Cremen und Desserts** müssen gut gekühlt werden. Abgefüllt in kleine Gläschen und gut abgedeckt, damit sie keine Gerüche annehmen, können sie schon Stunden vorher zubereitet und im Kühlschrank zwischengelagert werden.
- **Frische Kräuter** lagert man am besten eingewickelt in feuchtes Küchenkrepp im Kühlschrank und verteilt sie kurz vor dem Anrichten auf die Häppchen.

FESTE UND PARTYS PLANEN

Die Vorbereitung

Vorspeisen, Hauptgerichte und sogar Desserts in **mundgerechte Happen** zu verwandeln, macht Spaß – und Spaß sollen Partybuffets ja bereiten. Fingerfood bietet Ihnen die perfekte Gelegenheit, vor Ihren Gästen zu glänzen – und das nicht nur mit der Organisation, sondern auch mit Ihrem Geschick bei der Zubereitung bzw. der Kombination der Aromen. Zudem ist Fingerfood einfach praktisch, vor allem wenn Platz, Zeit und Ausstattung vielleicht etwas knapp bemessen sind.

Das Erfolgsrezept jeder gelungenen Party ist eine ***gute Organisation.***

Denken Sie bei der Zusammenstellung praktisch. Vermeiden Sie, dass es in den letzten Minuten hektisch wird, indem Sie so viel wie möglich vorher zubereiten. Wenn Sie alle Arbeitsschritte perfekt geplant haben und die Speisen bis zum Servieren frisch halten, haben Sie genauso viel Spaß beim Bewirten Ihrer Gäste wie diese beim Genießen.

Planen Sie so, dass Sie möglichst viel schon am Vortag erledigen können. Suppen und Desserts können so in aller Ruhe vorbereitet werden. Das spart nicht nur Stress und Hektik, in manchen Fällen ist es sogar unumgänglich, etwa wenn Sie im Büro etwas zu feiern haben. Dann gilt auch: Ihre Häppchen müssen sich problemlos transportieren lassen.

Wer kommt zu Besuch?

Beginnen Sie Ihre Planungen mit einem Blick auf die **Gästeliste.** Bei einem eher zwanglosen Beisammensein mit Freunden und Familie können Sie Ihren Gästen **Rohkost und Dip** sowie weitere Kleinigkeiten servieren. Besonderen Gästen müssen Sie aber auch etwas Besonderes bieten.

- Informieren Sie sich, ob einige Gäste vegetarisch oder sogar vegan leben bzw. aus medizinischen oder religiösen Gründen bestimmte Speisen meiden müssen, damit Sie entsprechend planen können.
- Eine Kombination aus kaltem und warmem Fingerfood, ein paar Klassiker wie Räucherlachstatar und einige ungewöhnliche Häppchen sorgen für ein vielfältiges Angebot und stellen auch individuelle Geschmacksvorlieben zufrieden.
- Probieren Sie Speisen, die Sie zum ersten Mal zubereiten, vorher aus, damit Sie eventuell noch etwas ändern können.

Wie viel Platz haben Sie?

Schauen Sie sich in Ihrer Wohnung, Ihrem Lokal oder Betrieb um: Wie viel Platz haben Sie zum Bewirten Ihrer Gäste? Wenn der Raum beengt ist, verzichten Sie lieber auf große Platten, die im Gedränge schwer herumzureichen sind.

Auch ein Tisch mit sorgfältig arrangierten Tellern ist in einem vollen Raum für die Gäste nur schwer zugänglich.

Setzen Sie lieber auf eine köstliche, gut essbare Auswahl an Kleinigkeiten, die herumgereicht werden. So kann sich jeder bewegen und Sie können sich Ihren Gästen widmen.

Achten Sie bei der Planung auch auf den Platz, *den Sie für die Zubereitung des Fingerfoods haben. Es gibt nichts Schlimmeres als halb angerichtete Platten, die überall herumstehen, wenn die ersten Gäste kommen.*

- Ein großer Kühlschrank ist hilfreich. Versuchen Sie die Getränke auf andere Art und Weise zu kühlen, z. B. in einer Wanne mit Eiswürfeln.
- Lagern Sie Platten und Tabletts mit servierfertigem Fingerfood, das nicht gekühlt werden muss, in Regalen oder im Schrank: So haben Sie auf Ihrer Arbeitsfläche Platz zum Garnieren und Anrichten von warmem Fingerfood.
- Haben Sie einen Raum neben der Küche, den Sie nicht für die Party benötigen? Dann stellen Sie dort einen Tisch hinein, auf dem der Nachschub von Speisen und Getränken steht!
- Erfahrungsgemäß sammeln sich die Gäste gerne in der Küche, was Ihnen die Sache nicht gerade einfacher macht.

Tipps

- Wenn Sie eine richtig große Gesellschaft bewirten möchten, sollten Sie sich Stehtische ausleihen. Leider sind die nicht allzu häufig, deshalb bleibt oft nur der Gang zum Profi-Partyausstatter oder zu Cateringfirmen.
- Damit nichts kleckert, sind Messbecher oder Spritzbeutel beim Einfüllen von Suppen und Cremes in Gläser und Tassen der beste Helfer: So gelangt alles präzise in das Gefäß und landet nicht daneben.
- **Das Auge isst mit:** Wenn die kleinen Häppchen hübsch aussehen, schmecken sie gleich noch einmal so gut. Mithilfe von Plätzchenausstechern können Sie Brot, Käse, Gemüse oder Obst in verschiedene Formen bringen.

Das Servieren

Jetzt beginnt der kreative Teil der Vorbereitung! Sie können das Fingerfood einfach nach Farben und Aromen sortiert präsentieren: Ihre Gäste werden begeistert sein! Viele Faktoren beeinflussen die Auswahl der Häppchen: die Jahres- bzw. Tageszeit, zu der die Party beginnt oder aber Farben und Aromen der Gerichte.

- Vermeiden Sie zu viele Wiederholungen bei den Aromen und Zutaten.
- Lassen Sie sich von der Jahreszeit inspirieren: Saisonale Spezialitäten sind immer ein besonderer Genuss – zum Beispiel Melonenperlen mit Schinken, aber auch Räucherlachs oder Parmesan. Zudem sind saisonale Zutaten meist preiswerter und besser verfügbar.
- Achten Sie beim Einkauf auf Qualität, denn die macht oft den entscheidenden Unterschied aus.
- Versuchen Sie nicht zu viele neue Rezepte, sondern greifen Sie lieber zu Bewährtem und Erprobtem.
- Vermeiden Sie zu viele zeitintensive Rezepte.
- Probieren Sie neue Rezepte möglichst vorher aus.
- Wenn die Zeit knapp ist, wählt man am besten einfache Rezepte aus – das Ergebnis wird trotzdem beeindrucken.

Weil das Auge gerade bei Fingerfood mitisst, sollten Sie dem Anrichten einen ganz besonderen Stellenwert zuschreiben.

Vielfältige Häppchen

Achten Sie beim Fingerfood auf eine gute Mischung: Fisch, Meeresfrüchte, Geflügel, Gemüse, Salami, Käse und Obst. Servieren Sie nicht zu viel Frittiertes.
Die kalte Küche kann auch einige glutenfreie und vegetarische Alternativen bieten. Das mag aufwendig klingen, aber bei unseren Rezepten haben Sie eine breite Auswahl.
Was eine gute Küche wirklich ausmacht, ist die Liebe zum Detail: raffinierte Zubereitungen, kreative Ideen und stilvolles Anrichten.

Keine Schlacht ums Buffet

Auch bei Partys, Empfängen und Feiern hat sich Vieles getan. Die sprichwörtliche Schlacht am Buffet ist zwar noch nicht überall Vergangenheit, aber es ist schon viel besser geworden – sehr zur Freude der Gastgeber und Gäste, die versuchen, das Buffet so ansprechend wie möglich zu gestalten bzw. die nicht mit anderen um die besten Happen kämpfen wollen.

WAS IST EIN FLYING-BUFFET?

Die Speisen werden den Gästen vom Servicepersonal auf kleinen Tellern, Löffeln oder direkt vom Tablett serviert. Die Gäste werden vom Service dort aufgesucht, wo sie sich gerade aufhalten. So folgt der kulinarische Service Ihren Gästen buchstäblich „fliegend". Flying-Service empfiehlt sich zum Beispiel bei Empfängen oder Vernissagen.

Weil sich die Gäste selbst bedienen, sollten Gläser und Canapés angeordnet werden, dass sie jeder gut erreichen kann. Und um Ordnung ins Chaos zu bringen, sorgen Sie dafür, dass am Buffet Einbahnverkehr herrscht: Teller und Besteck markieren den Anfang, Servietten, Brot und – natürlich – Desserts das Ende. So verhindern Sie Kollisionen und einen Nach-Party-Run in die Reinigungen.

Die Präsentation zählt

Jeder, der oft und gerne Gäste bewirtet, weiß, dass sich diese nicht nur über Speis und Trank freuen, sondern auch über eine gelungene Inszenierung. Ihr sollten Sie deshalb ebenso viel Aufmerksamkeit und Sorgfalt widmen wie dem kulinarischen Angebot.

Das Dekorieren und Verzieren kann viel Spaß machen, ist aber auch mit viel Arbeit verbunden. Sie können Ihr Fingerfood beispielsweise mit Kräutern (Kerbel, Schnittlauch, Koriander oder Basilikum), Gewürzen (Rosa Pfeffer, Kümmel oder Kardamom), Zitrusfrüchten (Orangen-, Grapefruit- oder Mandarinenfilets) oder Melonenperlen garnieren.

Der Klassiker beim Anrichten ist der Spieß. Ihn gibt es in jeder Größe und aus vielen Materialien. Es muss aber nicht immer Holz, Plastik oder Bambus sein. Eine gute Wahl sind Rosmarinzweige oder Zitronengras, die die Speisen zusätzlich noch würzen. Spieße jeder Art sehen auf einem Buffet nicht nur appetitlich aus, sondern sie erleichtern zudem auch noch das Essen. Stellen Sie darum Käse, Rohschinken, Südtiroler Speck oder Minimozzarella (Mozzarelline) nicht einfach nur auf den Tisch. Spießen Sie sie lieber mit Trauben oder Kirschtomaten auf!

Anrichten

Fingerfood muss für die Gäste problemlos essbar sein. Praktisch kommt daher vor ausgefallen, problemlos vor schön. Trotzdem gibt's zahllose Möglichkeiten, Fingerfood ansprechend anzurichten.

- Zum Anrichten eignen sich Glasteller, Schieferplatten, Bambusmatten, glatte Holzbretter und farbige, gemusterte Porzellanteller.
- Achten Sie darauf, dass das Geschirr flach ist, denn Mulden oder Vertiefungen lassen die Speisen umkippen.
- Setzen Sie die Snacks in Reihen auf eine Platte, auch zwei oder drei Sorten nebeneinander. Besonders gut kommen die Häppchen zur Geltung, wenn die

An Fingerfood-Buffets herrscht die Qual der Wahl, deshalb sollten alle Häppchen nicht nur appetitlich und standesgemäß präsentiert werden (wie die Tirtlen auf einem Holzbrett), sondern auch übersichtlich.

Alles dreht sich: Wenn Sie Ihre Häppchen auf runden Unterlagen anrichten, können sich Ihre Gäste problemlos bedienen.

Auch wenn's „Fingerfood“ heißt: Achten Sie beim Anrichten auf genügend Geschirr, Besteck und Gläser!

Platte mit Chicorée, Weinlaub oder Tomaten-Schiffchen garniert wird.

- Sehr schön sieht es aus, wenn Sie kleine Häppchen auf einer Etagere oder etwas erhöht präsentieren.
- Für Farbe (und Geschmack) sorgen frische essbare Blüten oder Wildkräuter.
- Damit nichts tropft, sollte man Saucen und Dips separat servieren.

Kann man Geschirr essen? *Mitunter ja, dann nämlich, wenn Sie Snacks statt in Gläser oder Löffel in Tomaten füllen oder auf Gemüsestückchen stapeln. Ein Happen und weg ist alles – „Geschirr“ inklusive.*

Für Ordnung sorgen

Zugegeben: Niemand mag es, wenn am Buffet jemand mit Lappen und Besen steht. Aber wer will schon Unordnung, Müll und Schmutz auf den Tischen? Deshalb gilt es während der Party aber auch schon davor, für Ordnung zu sorgen.

- Wohin mit gebrauchten Gläsern, Servierlöffeln, Besteck usw.? Damit die Frage gar nicht erst aufkommt, bietet sich ein eigener, etwas abseits stehender Tisch an.
- Sorgen Sie dafür, dass Behälter für Abfälle bereitstehen, in denen man Servietten, Spießchen, Stängel usw. verschwinden lassen kann.
- Wasser (in kleinen Schälchen) und Zitronenspalten helfen bei klebrigen Fingern.
- Damit das Buffet appetitlich bleibt, muss es regelmäßig aufgefüllt und neu geordnet werden. Achten Sie dabei auch auf schmutzige Decken, die es auszutauschen gilt.

FINGERFOOD IST KOMMUNIKATIV

Haben Sie schon einmal einen Abend an einem Tisch verbracht, an dem sich niemand etwas zu sagen hatte? Dann wissen Sie: Ein solcher Abend ist lang, sehr lang! Mit Fingerfood löst man das Problem, und zwar für Gäste und Gastgeber.

Sitzordnung? Nicht nötig!
So müssen Sie sich als Gastgeber nicht mit einer Sitzordnung herumquälen. Die Frage, wer zu wem passt, spielt bei der Organisation keine Rolle. Die Gäste können sich frei bewegen und sich einmal mit dem, einmal mit jenem unterhalten – oft genug übrigens übers Essen. Der Gang zum Buffet bietet eine gute Gelegenheit, den Gesprächspartner zu wechseln. Zirkulieren die Häppchen, kann man essen und zugleich das Gespräch fortführen.

Die Frage nach der richtigen Menge

Minihäppchen für den Minihunger? Nein, ganz sicher nicht, denn Fingerfood ist nicht nur zum Aperitif gefragt, sondern bestreitet kulinarisch ganze Abende und sollte deshalb dafür sorgen, dass die Gäste nicht nur glücklich, sondern auch satt nach Hause gehen. Egal, ob Party, Feier oder Empfang: Jede Einladung steht und fällt deshalb mit der richtigen Menge an Speisen. Doch es ist gar nicht so einfach, diese zu berechnen. Wenn Sie viele Gäste erwarten, bereiten Sie zur Sicherheit lieber etwas mehr vor. Auch wenn möglicherweise nicht alle eingeladenen Gäste kommen, kann es passieren, dass andere dafür vielleicht noch jemanden mitbringen. Man sollte immer ein ausgeglichenes Verhältnis von Fleischspeisen und vegetarischen Gerichten anbieten. Im Zweifelsfalle lohnt es sich, eine Reserve einzuplanen.

Fingerfood kennt keine Sitzordnung, deshalb ist diese Art der Bewirtung besonders locker und kommunikativ. Am Buffet kommt jeder mit jedem ins Gespräch.

Fisch- oder Gemüsehäppchen
Wegen ihres geringen Kaloriengehalts sind sie sehr beliebt. Allerdings sind sie keinesfalls sättigend, sondern regen – geschmackvoll zubereitet – den Appetit an.

Fleischhäppchen
Hier bieten sich viele Möglichkeiten für abwechslungsreiche und wohlschmeckende Kombinationen.

Früchtehäppchen
Wegen ihres hohen Vitamingehaltes und ihrer Leichtigkeit, also ihres niedrigen Sättigungswertes, werden sie sehr geschätzt.

Löffelhappen
Beeindrucken Sie Ihre Gäste mit elegant angerichteten Löffelhäppchen.

Wie sollte Fingerfood sein?

- *Nicht sättigend, sondern leicht und fein*
- *Würzig bis pikant gewürzt, aber nicht zu scharf*
- *Optisch schön angerichtet und garniert*
- *Geschmacklich und farblich abwechslungsreich*

FINGERFOOD UND MEHR

Auch einfache Produkte lassen sich in einladendes, appetitliches Fingerfood verwandeln.

Brot und Gebäck

Crostini
Die kleinen knusprigen Brotscheiben sind die perfekte Unterlage für mediterrane Beläge mit frischen Zutaten.

Egal ob Crostini, Bruschette oder Minipizze: Mediterranes eignet sich hervorragend für Ihr Häppchen-Buffet, auch weil es kaum jemanden gibt, der die Kombination von frisch und knusprig nicht mag.

Grissini (Brotstangen)
Grissini kann man gut mit luftgetrocknetem Rohschinken, Südtiroler Speck, Bresaola, Räucherlachs und geräuchertem Thunfisch umwickeln.

Minipizzen
Sie sind der Partyklassiker und kommen mit ihren frischen, fröhlichen Farbkombinationen bei Ihren Gästen sicher gut an.

Mini-Sandwiches / Mini-Tramezzini
Belegen Sie kleine Weißbrotscheiben oder Brötchen mit Ihren Lieblingszutaten, zum Beispiel mit Avocado und Schinken, Roastbeef und Sahnemeerrettich, Räucherlachs und Zitronen- oder Schnittlauch-Creme.

Tipp
Minibrötchen lassen sich gut vorher zubereiten. Lagern Sie sie in einem luftdicht verschließbaren Behälter und legen Sie zwischen die einzelnen Brötchen Butterbrot- oder Backpapier, so weichen sie nicht durch.

Spießchen & Ähnliches

Gemüse-Sticks
Sticks aus Stangensellerie, Chicorée, Gurken, Minikarotten oder Radieschen lassen sich gut vorbereiten und mit Dips servieren.
Eindruck macht es auch, wenn Sie eine größere Menge von zwei bis drei Gemüsesorten – am besten aus heimischem, saisonalen Gemüse – servieren.

Hähnchenspieße
Hähnchenspieße sind besonders dekorativ, wenn man das Fleisch auf Zitronengrasstängel spießt.

Obst- und Gemüsechips
Chips aus Äpfeln, Birnen, Süßkartoffeln, Rohnen (Rote Bete), Pastinaken und Co. sind eine Augenweide auf jedem Buffet oder jeder Party. Lassen Sie Obst- oder Gemüsescheiben im Backofen trocknen und bestreuen Sie sie vor dem Servieren mit Gewürzsalz.

Rosmarinspieße
Spießen Sie einfach mit Pancetta umwickelte Fischstückchen auf Rosmarinzweige. Das verleiht dem Fisch einen würzigen Geschmack.

Gut zu wissen

Holzspieße
Sie eignen sich gut zum Servieren von mariniertem Fisch, Fleisch und Gemüse, die Häppchen sind schnell aufgespießt und können problemlos mit einer Hand verspeist werden. Allerdings sollte man einige Dinge beachten:

- Weichen Sie die Holzspieße gut in kaltem Wasser ein, wenn Sie Fleisch, Fisch oder Gemüse zusammen mit den Spießen grillen oder in der Pfanne braten. So können sie nicht so schnell verbrennen.
- Stecken Sie die Häppchen nicht auf den ganzen Spieß, sondern nur auf eine Seite, sodass man ihn gut in die Hand

Teller, Schüsseln, Näpfe, Löffel, Gläser, Tassen: Worin Sie Ihr Fingerfood servieren, bleibt Ihrer Kreativität überlassen. Ästhetik ist dabei allerdings nur eine von zwei Prioritäten, die andere ist: Man muss alles problemlos essen können!

nehmen und die aufgespießten Köstlichkeiten leicht essen kann. Im Handel gibt es eine große Auswahl dekorativer Servierspießchen aus Bambus, Holz oder Plastik.

Klassiker

Gefüllte Kirschtomaten
Gefüllte Tomaten sind eine echte Versuchung. Allerdings sollten Sie nicht zu viel Füllung hineingeben, sonst kippen sie um.

Tarte
Ob rund oder eckig, groß oder klein, eine Tarte oder Quiche ist das ideale Gericht für eine Fingerfood-Party. Schneiden Sie die Tarte in kleine Stücke und stecken Sie Spießchen hinein.

Vegetarisch
Es darf auch mal Gemüse sein: Kleine Leckerbissen, die das Gemüse in den Vordergrund stellen, bringen – fein präsentiert – Glanz auf jedes Buffet.

Süppchen
Wenn sie in kleine Kaffeetassen oder Gläser gefüllt werden, sind Suppen wunderbare Stehparty-Gerichte, für die man nicht einmal einen Löffel braucht.

Fleischbällchen
Mediterran, klassisch oder mit Lammfleisch – Fleischbällchen sind ein großartiges Fingerfood. Sie sind abwechslungsreich, passen zu vielen Dips und schmecken immer.

Desserts
Ein gelungener Abend braucht einen krönenden Abschluss! Beeindrucken Sie Ihre Gäste mit süßen Kreationen, die abwechslungsreich und mundgerecht portioniert serviert werden.

Gut zu wissen

Auf Löffeln anrichten
Beim Anrichten sollte man die Löffel nicht zu vollladen, denn das macht sie unhandlich.
Die Löffel sollten gerade liegen und sich leicht greifen lassen. Besonders gut eignen sich Löffel mit geschwungenem Stiel und breiter Laffe (Löffelschale), die unten abgeflacht sind, zum Beispiel chinesische Suppenlöffel.
Es gibt im Handel aber auch Löffel, die extra für Fingerfood konzipiert sind.
Arrangieren Sie die Löffel so, dass die Stiele nach außen zeigen und die gefüllten Löffel in die Mitte des Tellers oder der Platte.
Problemlos greifen lassen sie sich, wenn sie parallel ausgerichtet sind und zwischen den einzelnen Löffeln genügend Platz ist. Sorgen Sie dafür, dass die Gäste leere Löffel wieder ablegen können.

GETRÄNKE

Die Getränke sind für eine gelungene Party mindestens ebenso wichtig wie das Essen.
Mit der richtigen Mischung aus alkoholischen und alkoholfreien Getränken bleibt kein Gast durstig!
Die Auswahl der Getränke hängt immer vom Anlass und Budget ab. Ideal sind zwei bis drei alkoholische und mindestens ein alkoholfreies Getränk. Vergessen Sie nicht, die passenden Gläser für Sekt, Rot- und Weißwein, Martini oder Longdrinks, Saft und Wasser parat zu haben. Besonders gut sehen farbige Gläser bzw. verschieden große Gläser aus. Auch an Wein- und Sektkühler sollten Sie denken.

Alkoholfreie Getränke

Alkoholfreie Getränke werden immer wichtiger. Unerlässlich ist gekühltes Wasser, das immer und überall zur Verfügung stehen sollte.

- Bieten Sie für Gäste, die keinen Alkohol trinken aber noch andere Alternativen an. Am besten stellen Sie eine Auswahl nicht zu süßer Limonaden und Fruchtsäfte bereit, beispielsweise Holundersirup oder Apfelsaft. Selbst gemachte Getränke mit Mineralwasser und Melisse, Minze, Zitronenverbene oder Waldmeister sind immer ein Hit.
- Vermeiden Sie billige Limonaden und Säfte, da diese oft künstliche Süßstoffe enthalten und klebrig bzw. unangenehm süß schmecken.
- Sehr gut sehen Orangen- oder Zitronenscheiben und Beeren (Erdbeeren, Himbeeren, Brombeeren, Blaubeeren, Walderdbeeren und Johannisbeeren) in Getränken aus. Außerdem verleihen sie diesen einen zusätzlichen Geschmack.
- Wenn Sie Beeren vorher mit Wasser in einen Eiswürfelbehälter geben, können Sie damit nicht nur für den Geschmack, sondern auf für die Kühlung der Getränke sorgen.

WIE VIEL SERVIEREN?

Die genaue Anzahl der Häppchen hängt immer davon ab, wie viele verschiedene Speisen gereicht werden sollen und wie gehaltvoll diese sind. Sie können sich an folgenden Mengen orientieren:

Aperitifeinladung oder Stehempfang	*5 Stück pro Gast (3–4 unterschiedliche Häppchen)*
Als Vorspeise	*6 Stück pro Gast (5 unterschiedliche Häppchen)*
Getränke-Party	*10 Stück pro Gast (8–10 unterschiedliche Häppchen)*
Fingerfood-Party am Abend	*14 Stück pro Gast (10–14 unterschiedliche Häppchen)*

Alkoholische Getränke

- Prickelndes wie Südtiroler Sekt, Prosecco oder Champagner passt immer. Auch leichte Weiß- und Roséweine sind eine gute Wahl.
- Achten Sie darauf, dass der Wein zu Ihrer Speisenauswahl passt.
- Nicht zu süße Cocktails machen Spaß und schmecken verführerisch.
- Bei Mixgetränken sollten Sie aber nicht zu viele verschiedene Spirituosen und Geschmacksrichtungen miteinander mischen.

Gut gekühlt

Getränke brauchen Zeit zum Kühlen. Wenn Sie diese im Kühlschrank kühlen, legen Sie sie ruhig einige Tage, aber spätestens 3–4 Stunden vorher hinein. Alternativ können Sie die Getränke auch mit Eis kühlen. Legen Sie die Flaschen dazu in eine Wanne oder einen großen Behälter und bedecken Sie sie mit zwei Drittel eisgekühltem Wasser und einem Drittel Eiswürfel bzw. Crash-Eis.

KNUSPRIGES UND GEBACKENES

Polentagrissini mit Grillgemüse

Für 4 Portionen, 16 Stück

POLENTAGRISSINI
- *125 ml* ***lauwarme Milch***
- *10 g* ***Hefe***
- *1 TL* ***Zucker***
- *150 g* ***Weizenmehl***
- *100 g* ***Polentamehl,*** *fein*
- *40 g* ***weiche Butter***
- *20 ml* ***Walnussöl*** *oder Olivenöl*
- *5 g* ***Salz***

GRILLGEMÜSE
- *80 g* ***Zucchini***
- *80 g* ***Melanzane***
- *1* ***Karotte***
- *1* ***Knoblauchzehe***
- *30 ml* ***Olivenöl***
- ***Pfeffer*** *aus der Mühle*
- ***Salz***
- *1 TL* ***Petersilie,*** *fein geschnitten*
- *1 TL* ***Oregano,*** *fein geschnitten*
- *1 TL* ***Kerbel,*** *fein geschnitten*

Polentagrissini

- Lauwarme Milch, Hefe und Zucker verrühren und **30 Minuten** zugedeckt bei maximal **35 Grad** aufgehen lassen.
- Mit Weizenmehl, Polentamehl, weicher Butter, Walnussöl und Salz mischen und zu einem eher festen Teig verkneten.
- Den Teig etwa **30 Minuten** an einem warmen Ort aufgehen lassen.
- Nochmals durchkneten und zu dünnen, 15 cm langen und 5 mm dicken Strängen rollen.
- Auf ein Backblech legen und erneut bei **35 Grad** aufgehen lassen, bis der Teig etwa das doppelte Volumen erreicht hat.
- Die Grissini im vorgeheizten Backofen bei **180 Grad** Umluft etwa **10 Minuten** backen.

Grillgemüse

- Zucchini und Melanzane waschen, putzen und mit der Aufschnittmaschine oder einem Messer längs in dünne Scheiben schneiden.
- Die Karotte waschen, putzen, schälen und ebenfalls in längliche Scheiben schneiden.
- Den Knoblauch schälen, fein hacken und in das Olivenöl legen.
- Das vorbereitete Gemüse mit Pfeffer und Knoblauchöl etwa **10 Minuten** marinieren.
- Salzen, auf den vorgeheizten Grill legen und auf beiden Seiten etwa **3 Minuten** grillen.
- Zucchini mit Petersilie, Melanzane mit Oregano und Karotten mit Kerbel bestreuen.

Fertigstellung

- Die ausgekühlten Grissini mit dem Grillgemüse umwickeln und servieren.

TIPPS

- Sie können die Polentagrissini vor dem Backen mit Sesam, Mohn oder grobem Salz bestreuen.
- Zum Grillen eignen sich auch andere Gemüsesorten wie Kürbis, Fenchel oder Spargel.
- Servieren Sie die Polentagrissini mit in hauchdünne Scheiben geschnittenem gekochtem Schinken, Wildschinken oder Rindsgeselchtem.

MITTLERE NÄHRWERTE PRO PORTION
kcal 401 (kJ 1676)
Ballaststoffe 5 g
E 8,6 g **F** 20,6 g **KH** 45 g

Blätterteigknabbereien

Für 4 Portionen, je 12 Stück

PESTOSCHNECKEN
- 40 g **Basilikumblätter**
- 20 g **Petersilienblätter**
- 120 ml **Olivenöl**
- 1 EL **Pinoli**
- ½ **Knoblauchzehe,** *fein gehackt*
- **Salz**
- **Pfeffer** *aus der Mühle*
- 2 Tropfen **Tabasco**
- 60 g **Parmesan,** *gerieben*
- 200 g **Blätterteig** *(siehe Seite 26)*

TOMATEN-PIZZETTE
- 200 g **Blätterteig** *(siehe Seite 26)*
- 6 **Datteltomaten,** *halbiert*
- 100 g **Mozzarella,** *in Würfel geschnitten*
- 2 EL **Taggiasche-Oliven**
- **Salz**
- **Pfeffer** *aus der Mühle*
- 4 EL **Olivenöl**
- 12 **Basilikumblätter** *zum Garnieren*

SARDELLEN-PIZZETTE
- 200 g **Blätterteig** *(siehe Seite 26)*
- 12 **kleine Sardellenfilets,** *in Öl eingelegt*
- 100 g **Mozzarella,** *in Würfel geschnitten*
- **Salz**
- **Pfeffer** *aus der Mühle*
- 4 EL **Olivenöl**

Pestoschnecken

- Basilikum- und Petersilienblätter waschen und mit Küchenkrepp trocken tupfen. Mit Olivenöl, Pinoli und Knoblauch in einem Mixer fein pürieren. Pesto mit Salz, Pfeffer, Tabasco und 10 g Parmesan abschmecken.
- Den Blätterteig etwa 5 mm dick ausrollen, mit dem Pesto bestreichen und mit 50 g Parmesan bestreuen. Den Teig einrollen und **1 Stunde** kalt stellen.
- Die Teigrolle mit einem scharfen Messer in 5 cm dicke Scheiben schneiden und mit der Schnittfläche nach oben auf ein mit Backpapier ausgelegtes Backblech legen. Mit dem restlichen Parmesan bestreuen.
- Das Backblech (unterste Schiene) in den vorgeheizten Backofen schieben und die Pestoschnecken bei **200 Grad** Umluft etwa **10 Minuten** backen.

Tomaten-Pizzette

- Den Blätterteig etwa 5 mm dick ausrollen, mit einem Ausstecher Kreise (6–8 cm Ø) ausstechen und auf ein mit Backpapier ausgelegtes Backblech legen.
- Mit Datteltomaten, Mozzarellawürfeln und Oliven belegen, mit Salz und Pfeffer würzen und mit Olivenöl beträufeln.
- Das Backblech (unterste Schiene) in den vorgeheizten Backofen schieben und die Pizzette bei **200 Grad** Umluft etwa **10 Minuten** backen. Vor dem Servieren mit Basilikumblättern belegen und servieren.

Sardellen-Pizzette

- Den Blätterteig etwa 5 mm dick ausrollen, mit einem Ausstecher Kreise (8–10 cm Ø) ausstechen und auf ein mit Backpapier ausgelegtes Backblech legen.
- Mit eingerollten Sardellenfilets und Mozzarellawürfeln belegen, mit Salz und Pfeffer würzen und mit Olivenöl beträufeln.
- Das Backblech (unterste Schiene) in den vorgeheizten Backofen schieben und die Pizzette bei **200 Grad** Umluft etwa **10 Minuten** backen.

TIPPS

- Sie können die Datteltomaten auch durch Tomatensauce ersetzen.
- Statt mit Pesto können Sie die Schnecken auch mit Rohschinken und Käse füllen.

PESTOSCHNECKEN
MITTLERE NÄHRWERTE PRO PORTION
kcal 332 (kJ 1390)
Ballaststoffe 0,5 g
E 7 g **F** 26 g **KH** 17 g

TOMATEN-PIZZETTE
MITTLERE NÄHRWERTE PRO PORTION
kcal 334 (kJ 1398)
Ballaststoffe 0 g
E 8 g **F** 26 g **KH** 17 g

SARDELLEN-PIZZETTE
MITTLERE NÄHRWERTE PRO PORTION
kcal 554 (kJ 2319)
Ballaststoffe 0,5 g
E 9 g **F** 48 g **KH** 21 g

Paprika-Käsestangen

Für 4 Portionen, 16 Stück

BLÄTTERTEIG *(für etwa 1,2 kg)*

WASSERTEIG
- *400 g* **Weizenmehl**
- *50 g* **kalte Butter**
- *250 ml* **Wasser**
- *1 Prise* **Salz**
- *1 EL* **Zitronensaft**

BUTTERTEIG
- *450 g* **Butter**
- *100 g* **Weizenmehl**

PAPRIKA-KÄSESTANGEN
- *200 g* **Blätterteig**
- *40 g* **Parmesan,** *gerieben*
- *1 TL* **Paprikapulver,** *edelsüß*

WEITERES
- *1* **Ei** *zum Bestreichen*

Blätterteig

- *Wasserteig:* Weizenmehl, Butter, Wasser, Salz und Zitronensaft zu einem glatten Teig verkneten, zu einer Kugel formen und zugedeckt **20 Minuten** ruhen lassen.
- *Butterteig:* Butter mit Weizenmehl gut verkneten, zu einem Ziegel formen und bereitstellen.
- Wasserteig ausrollen und den Butterziegel darin einschlagen, mit dem Nudelholz zu einem etwa 2 cm dicken Rechteck ausrollen, dann eine einfache Tour geben (ein Drittel des Teigrechteckes in die Mitte des Teiges legen und mit dem dritten Drittel überlappen), zudecken und **20 Minuten** im Kühlschrank ruhen lassen.
- Den Teig wieder zu einem Rechteck ausrollen und eine doppelte Tour geben (das rechte und linke Viertel des Teigrechteckes in die Mitte legen, dann die Hälfte des Teiges mit der anderen Hälfte überlappen) und wieder **20 Minuten** zugedeckt im Kühlschrank ruhen lassen.
- Dem Teig noch eine doppelte und zum Schluss eine einfache Tour geben.

Paprika-Käsestangen

- Den Blätterteig zu einem 4 mm dicken Rechteck ausrollen und mit Ei bestreichen.
- Parmesan mit Paprikapulver vermischen und auf dem Blätterteig verteilen, nach Belieben in Stangen schneiden und aufrollen.
- Die Paprika-Käsestangen im vorgeheizten Backofen bei **180 Grad** Umluft etwa **8 Minuten** backen.

TIPPS

- Für die Paprika-Käsestangen können Sie auch tiefgefrorenen Blätterteig verwenden.
- Den Blätterteig können Sie auch mit Sesam, Kümmel, Anis, Leinsamen oder Zimt bestreuen.
- Statt Paprikapulver können Sie Kurkuma verwenden.

VARIATIONEN

- ***Curry-Käsestangen:*** Bestreuen Sie die Blätterteigstangen statt mit Paprikapulver mit Curry und Parmesan.
- ***Kräuter-Käsestangen:*** Bestreuen Sie die Blätterteigstangen statt mit Paprikapulver mit geschnittenen Kräutern (Schnittlauch, Petersilie, Thymian), Knoblauch und Parmesan.

MITTLERE NÄHRWERTE PRO PORTION
kcal 260 (kJ 1089)
Ballaststoffe 0 g
E 8 g **F** 17 g **KH** 19 g

Pilz-Croissants

Für 4 Portionen, 12 Stück

PILZ-CROISSANTS
- 200 g **Steinpilze** *oder Pfifferlinge*
- 2 EL **Butter**
- 30 g **Zwiebeln,** *in feine Würfel geschnitten*
- 1 TL **Petersilie,** *fein geschnitten*
- 1 TL **Thymian,** *fein geschnitten*
- **Salz**
- **Pfeffer** *aus der Mühle*
- 2 EL **Parmesan,** *gerieben*

WEITERES
- 400 g **Blätterteig** *(siehe Seite 26)*
- 1 **Ei** *zum Bestreichen*

MITTLERE NÄHRWERTE PRO PORTION
kcal 468 (kJ 1959)
Ballaststoffe 3 g
E 11 g **F** 32 g **KH** 34 g

Pilz-Croissants

- Die Pilze putzen und in kleine Würfel schneiden.
- In einer Pfanne Butter schmelzen lassen, Zwiebeln dazugeben und dünsten.
- Die Pilze hinzufügen, mit Petersilie, Thymian, Salz und Pfeffer würzen und etwa **3 Minuten** weich dünsten, mit Parmesan verfeinern.
- Den Blätterteig länglich, nicht zu dünn ausrollen und in Dreiecke schneiden. Die Füllung auf eine Ecke geben und Dreiecke zu Croissants aufrollen.
- Die Croissants etwas ruhen lassen, mit Ei bestreichen und im vorgeheizten Backofen bei **200 Grad** Umluft etwa **10 Minuten** goldgelb backen.

TIPPS

- Für die Croissants kann man auch tiefgefrorenen Blätterteig verwenden.
- Statt Steinpilze eignen sich auch Champignons oder Austernpilze.
- Sie können die Croissants auch mit geriebenem Almkäse füllen.

VARIATIONEN

- ***Schinken-Croissants:*** Füllen Sie die Croissants mit einer Mischung aus 200 g gekochten Schinkenwürfeln, 2 Esslöffeln Senf und 1 Esslöffel fein geschnittener Petersilie.
- ***Tomaten-Oliven Croissants:*** Füllen Sie die Croissants mit einer Mischung aus 100 g getrockneten Tomaten, 100 g grob gehackten Taggiasche-Oliven und 1 Esslöffel fein geschnittenem Basilikum.

Gebackene Selchkarreewürfel mit Senfmayonnaise und Kresse

Für 4 Portionen, 12 Löffel

SELCHKARREEWÜRFEL

- 400 g ***Selchkarree ohne Knochen*** *(Kassler)*
- ½ ***Zwiebel***
- 50 g ***Lauch***
- 2 ***Petersilienstängel***
- 1 ***Lorbeerblatt***
- ½ TL ***Pfefferkörner****, zerdrückt*
- ***Salz***

SENFMAYONNAISE

- 80 g ***Mayonnaise*** *(siehe Seite 72)*
- 20 g ***Senf***

WEITERES

- 2 EL ***Weizenmehl*** *zum Panieren*
- 2 ***Eier*** *zum Panieren*
- 100 g ***Brotbrösel*** *zum Panieren*
- 12 ***Kressesträußchen*** *zum Garnieren*

Selchkarreewürfel

- Reichlich Wasser zum Kochen bringen, das Selchkarree, Zwiebel, Lauch, Petersilienstängel, Lorbeerblatt und Pfefferkörner dazugeben und etwa **1 Stunde** leicht wallend oder unter dem Siedepunkt köcheln lassen.
- Das Selchkarree aus dem Wasser nehmen, auskühlen lassen und in 2 cm große Würfel schneiden.
- Die Karreewürfel mit Weizenmehl, Ei und Brotbröseln panieren und in heißem Backfett bei **180 Grad** etwa **2 Minuten** backen.

Senfmayonnaise

- Die Mayonnaise mit Senf verrühren.

Fertigstellung

- Etwas Senfmayonnaise in Aperitiflöffel geben, die gebackenen Selchkarreewürfel daraufsetzen und mit Kresse garniert servieren.

TIPPS

- Servieren Sie die gebackenen Selchkarreewürfel mit Sauerkraut oder gedünstetem Weißkraut.
- Statt Senfmayonnaise passt auch Sahnekren oder Senf.

VARIATION

- ***Gebackene Schinkenwürfel mit Senfmayonnaise und Kresse:*** Ersetzen Sie das Selchkarree durch gekochten Schinken.

MITTLERE NÄHRWERTE PRO PORTION
kcal 482 (kJ 2018)
Ballaststoffe 1 g
E 27 g **F** 34 g **KH** 17 g

Kartoffelchips mit Kürbisaufstrich

Für 4 Portionen, 12 Stück

KARTOFFELCHIPS
400 g **festkochende Kartoffeln**
Salz

KÜRBISAUFSTRICH
300 g **Kürbis**
20 g **Zwiebeln**
1 **Knoblauchzehe**, *gehackt*
20 g **Butter**
Pfeffer *aus der Mühle*
Salz
100 g **Philadelphia-Käse** *oder Frischkäse*

WEITERES
Backfett
12 **Borretschblüten** *zum Garnieren*

MITTLERE NÄHRWERTE PRO PORTION
kcal 311 (kJ 1302)
Ballaststoffe 4 g
E 6 g **F** 23 g **KH** 20 g

Kartoffelchips

- Die Kartoffeln waschen, schälen und in hauchdünne Scheiben schneiden.
- Waschen und die Stärke gut abspülen.
- Abtropfen lassen und mit Küchenkrepp trocken tupfen.
- Im **170 Grad** heißen Backfett in etwa **3 Minuten** goldgelb backen. Dabei das Frittiergut immer bewegen.
- Die Chips auf Küchenkrepp gut entfetten lassen. Anschließend in eine Schüssel geben und salzen.

Kürbisaufstrich

- Kürbis waschen, schälen und in 5 mm große Würfel schneiden.
- Zwiebeln schälen, in kleine Würfel schneiden und mit Knoblauch in Butter dünsten.
- Kürbiswürfel zugeben und etwa **5 Minuten** dünsten.
- Mit Pfeffer und Salz würzen, mit Philadelphia-Käse vermischen.

Fertigstellung

- Eine kleine Nocke Kürbisaufstrich auf jeden Kartoffelchip setzen und mit Borretschblüten garnieren.

TIPPS

- Servieren Sie die Kartoffelchips auf schönen Dekorsteinen (siehe Foto) oder in Tellerchen.
- Sie können die Kartoffeln mit einem Gurkenhobel, einem speziellen Hobel oder mit einer Gemüseschneidemaschine feinblättrig schneiden.
- Kartoffelchips werden warm oder kalt serviert. Nach Belieben kann das Salz mit edelsüßem Paprikapulver oder Curry vermischt werden.

VARIATION

- ***Gitterkartoffeln:*** Gleich große Kartoffeln mit einem speziellen Hobel oder der Küchenmaschine in Gitter schneiden; weitere Zubereitung wie bei den Kartoffelchips.

Gebackene Garnelen mit Kokosflocken auf Limetten-Mayonnaise

Für 4 Portionen, 12 Stück

LIMETTEN-MAYONNAISE
- 1 **Eigelb** *oder 30 g pasteurisiertes Eigelb*
- ½ TL **Senf**
- 1 EL **Wasser**
- 100 ml **leichtes Olivenöl** *oder Samenöl*
- 1 TL **Limettensaft**
- ½ TL **Limettenschale,** *gerieben*
- **Salz**

GARNELEN
- 12 **Garnelenschwänze,** *geputzt*
- **Salz**
- 2 EL **Weizenmehl**
- 1 **Ei**
- 100 g **Kokosflocken** *zum Panieren*
- **Backfett**

WEITERES
- **Kapuzinerkresse** *zum Garnieren*
- **rosa Pfeffer** *zum Garnieren*

Limetten-Mayonnaise

- Eigelb, Senf und Wasser in einer Rührschüssel mit dem Schneebesen oder Handrührgerät gut verrühren.
- Das Olivenöl fadenweise unter die Eigelbmasse rühren, bis eine Emulsion entstanden ist.
- Die Mayonnaise mit Limettensaft, Limettenschale und Salz abschmecken.

Garnelen

- Die Garnelen salzen, in Weizenmehl wenden, durch das Ei ziehen und mit den Kokosflocken panieren.
- Die Garnelen im **180 Grad** heißen Backfett beidseitig etwa **2 Minuten** backen.

Fertigstellung

- Etwas Limetten-Mayonnaise in die Schälchen geben, die gebackenen Garnelen daraufsetzen, mit Kapuzinerkresse und rosa Pfeffer garnieren und servieren.

TIPPS

- Zu den gebackenen Garnelen können Sie einen Avocadosalat servieren.
- Statt Kokosflocken können Sie zerbröselte Cornflakes oder Brotbrösel verwenden.

VARIATIONEN

- ***Gebackene Scampi mit Kokosflocken auf Limetten-Mayonnaise:*** Verwenden Sie statt der Garnelen Scampi.
- ***Gebackene Calamaretti mit Kokosflocken auf Limetten-Mayonnaise:*** Statt Garnelen verwenden Sie Calamaretti.

MITTLERE NÄHRWERTE PRO PORTION
kcal 560 (kJ 2345)
Ballaststoffe 6 g
E 14 g **F** 57 g **KH** 4 g

Brandteigkrapfen mit Kapern-Topfenmousse

Für 4 Portionen, 12 Stück

BRANDTEIG
- *120 ml* ***Wasser***
- *60 g* ***Butter***
- ***Salz***
- *80 g* ***Weizenmehl***
- *2* ***Eier***

KAPERN-TOPFENMOUSSE
- *200 g* ***Topfen*** *(Quark)*
- *1 TL* ***Kapern,*** *fein gehackt*
- *1 EL* ***Kerbel,*** *fein geschnitten*
- ***Salz***
- *1 Msp.* ***Cayennepfeffer*** *oder Peperoncino*
- *60 ml* ***leicht geschlagene Sahne***

WEITERES
- *12* ***Salbeiblüten*** *zum Garnieren*
- *12* ***Kerbelblätter*** *zum Garnieren*
- *12* ***Kapern*** *zum Garnieren*

MITTLERE NÄHRWERTE PRO PORTION
kcal 306 (kJ 1281)
Ballaststoffe 1 g
E 16 g **F** 19 g **KH** 16 g

Brandteig
- Wasser, Butter und Salz zusammen in einem Topf kurz aufkochen lassen.
- Das Weizenmehl auf einmal dazugeben. Mit einem Kochlöffel den Teig bei mittlerer Hitze kräftig rühren, bis er sich vom Topfboden löst.
- Den Topf vom Herd nehmen und den Teig in eine Schüssel geben.
- Etwas auskühlen lassen, dann die Eier nach und nach unterrühren.
- Den Teig in einen Spritzbeutel füllen und Brandteigkrapfen auf ein mit Backpapier belegtes Backblech spritzen. Bei **180 Grad** Umluft etwa **20 Minuten** backen.

Kapern-Topfenmousse
- Den Topfen glatt rühren, mit Kapern, Kerbel, Salz und Cayennepfeffer würzen.
- Die leicht geschlagene Sahne unterheben.

Fertigstellung
- Die Brandteigkrapfen halbieren. Die Kapern-Topfenmousse in einen Spritzbeutel geben, die Brandteigkarpfen damit füllen und verschließen.
- Mit Salbeiblüten, Kerbelblättern und Kapern garniert servieren.

TIPPS
- Sie können die Brandteigkrapfen auch mit Schnittlauchtopfen füllen.
- Anstelle der Kapern können Sie frische Tomatenwürfel verwenden.

VARIATION
- ***Brandteigkrapfen mit Räucherforellen-Tatar:*** Ersetzen Sie die Kapern-Topfenmousse durch Räucherforellen-Tatar (siehe Seite 102).

BRÖTCHEN UND SCHNITTEN

Dinkelpizza-Schnitten

Für 4 Portionen, 12 Stück (1 Backblech, 30 x 40 cm)

PIZZATEIG
- *500 g* ***Dinkelmehl***
- *25 g* ***Hefe***
- *1/2 EL* ***Zucker***
- *250 ml* ***Wasser***
- *50 ml* ***Olivenöl***
- *15 g* ***Salz***

GESCHMORTE ROTE ZWIEBELN
- *250 g* ***rote Zwiebeln***
- *2 EL* ***Olivenöl***
- ***Salz***
- *1* ***Thymianzweig***
- *100 ml* ***Wasser***

BELAG
- *250 g* ***Tomatenwürfel*** *oder passierte Tomaten*
- ***Pfeffer*** *aus der Mühle*
- ***Salz***
- *1 TL* ***Oregano***
- *250 g* ***Büffelmozzarella,*** *in Stücke geschnitten*

WEITERES
- *2 EL* ***Kapern***
- *2 EL* ***Basilikum,*** *in feine Streifen geschnitten*
- ***Olivenöl*** *zum Bestreichen des Backbleches*

Pizzateig
- Das Dinkelmehl in eine Schüssel sieben, in die Mitte eine Mulde drücken.
- Hefe und Zucker in lauwarmem Wasser auflösen, in die Mehlmulde gießen und **10 Minuten** zugedeckt aufgehen lassen.
- Olivenöl und Salz zum Dinkelmehl geben und alles zu einem glatten, geschmeidigen Teig verarbeiten.
- Den Teig mit einem Tuch zudecken und an einem warmen Ort etwa **20 Minuten** gehen lassen, bis sich das Volumen verdoppelt hat.
- Den Teig nochmals durchkneten, rechteckig, etwa 1 cm dick ausrollen und auf ein eingeöltes Backblech legen.

Geschmorte rote Zwiebeln
- Die roten Zwiebeln schälen, der Länge nach halbieren oder vierteln.
- Olivenöl erwärmen, Zwiebeln dazugeben, mit Salz und Thymian würzen, mit etwas Wasser aufgießen und zugedeckt langsam etwa **30 Minuten** schmoren lassen.

Fertigstellung
- Die Tomaten mit Pfeffer, Salz und Oregano würzen und mit einem Esslöffel gleichmäßig auf dem Teig verstreichen.
- Büffelmozzarellastücke darauf verteilen und mit den geschmorten roten Zwiebeln belegen.
- Das Backblech (unterste Schiene) in den vorgeheizten Backofen schieben und die Pizza bei **200 Grad** Umluft etwa **10 Minuten** backen.
- Nach dem Backen mit Kapern belegen und mit Basilikumstreifen garnieren. Die Pizza portionieren und servieren.

TIPPS
- Die Pizza können Sie auch mit Oliven und Ziegenfrischkäse belegen.
- Anstelle der roten Zwiebeln können Sie Schalotten verwenden.
- Sie können die Pizza auch mit scharfer Salami und Datteltomaten belegen.

MITTLERE NÄHRWERTE PRO PORTION
kcal 767 (kJ 3211)
Ballaststoffe 12 g
E 32 g **F** 32 g **KH** 86 g

Tramezzini mit Schwertfisch und Peperoni-Topfen

Für 4 Portionen, 12 Stück

PEPERONI-TOPFEN
- 150 g **Peperoni**
- 2 EL **Olivenöl**
- 1 TL **Estragon** *oder Petersilie, fein geschnitten*
- **Salz**
- 4 EL **Topfen** *(Quark)*

WEITERES
- 3 **Tramezzini-Brotscheiben**
- 160 g **geräucherter Schwertfisch**
- 1 TL **Wasabipaste**
- 1 **Schalotte** *oder Zwiebel, in feine Ringe geschnitten*
- 12 **Erbsensprossen** *zum Garnieren*

Peperoni-Topfen

- Peperoni schälen, halbieren, entkernen und in kleine Würfel schneiden.
- Olivenöl erhitzen und die Peperoniwürfel darin etwa **3 Minuten** dünsten.
- Mit Estragon und Salz würzen und auskühlen lassen.
- Die Peperoni mit Topfen vermischen.

Fertigstellung

- Die Tramezzini-Brotscheiben in Rechtecke schneiden und mit dem Peperoni-Topfen-Gemisch bestreichen.
- Den Schwertfisch in dünne Scheiben schneiden und auf die Tramezzini-Brotscheiben legen.
- Mit Wasabipaste, Schalottenringen und Erbsensprossen garnieren und servieren.

TIPPS

- Sie können die Tramezzini-Brotscheiben auch leicht toasten.
- Anstelle von Tramezzini-Brotscheiben können Sie Toastbrot verwenden.
- Statt Schwertfisch können Sie Räucherlachs oder geräucherten Thunfisch verwenden.
- Sie können auch eingelegten Ingwer dazu servieren.
- Ersetzen Sie die Wasabipaste durch Meerrettich.

MITTLERE NÄHRWERTE PRO PORTION
kcal 127 (kJ 532)
Ballaststoffe 2 g
E 12 g **F** 5 g **KH** 8 g

Süßkartoffel-Focaccia mit Wildschinken und Melone

Für 4 Portionen, 12 Stück

ZUTATEN

- 200 g **Süßkartoffeln**
- 500 g **Weizenmehl**
- 25 g **Hefe**
- ½ EL **Zucker**
- 150 ml **Wasser**
- 50 ml **Olivenöl**
- 1 TL **Majoran,** *fein geschnitten*
- 1 **Peperoncino,** *zerrieben*
- 15 g **Salz**
- 30 g **zerlassene Butter**
- 1 TL **Salzblüte** *(Fleur de Sel)*

WEITERES

- 12 **Melonenperlen**
- 12 **Wildschinkenscheiben**
- 12 **Waldmeisterspitzen**

MITTLERE NÄHRWERTE PRO PORTION

kcal 688 (kJ 2881)
Ballaststoffe 8 g
E 25 g **F** 23 g **KH** 96 g

Zubereitung

- Die Süßkartoffeln waschen, in ein feuerfestes Geschirr mit grobem Salz legen und im Backofen bei **160 Grad** Umluft etwa **1 Stunde** garen.
- Die gegarten Süßkartoffeln schälen und fein passieren.
- Das Weizenmehl in eine Schüssel geben und in die Mitte eine Mulde drücken.
- Hefe und Zucker in lauwarmem Wasser auflösen, in die Mehlmulde gießen und etwa **10 Minuten** zugedeckt gehen lassen.
- Die passierten Süßkartoffeln, Olivenöl, Majoran, Peperoncino und Salz zur Mehl-Hefe-Mischung geben und alles zu einem glatten, geschmeidigen Teig verarbeiten.
- Den Teig mit einem Tuch zudecken und an einem warmen Ort etwa **20 Minuten** gehen lassen, bis sich das Volumen verdoppelt hat.

Fertigstellung

- Den Teig nochmals durchkneten, etwa 1,5 cm dick ausrollen und auf ein eingeöltes Backblech legen.
- Mit einem Kochlöffelstiel kleine Löcher in den Teig drücken und die zerlassene Butter hineingießen.
- Den Teig erneut zudecken und auf das doppelte Volumen aufgehen lassen.
- Süßkartoffel-Focaccia mit Meersalz bestreuen und im vorgeheizten Backofen bei **200 Grad** Umluft etwa **20 Minuten** backen.
- Süßkartoffel-Focaccia portionieren und mit Melonenperlen, Wildschinkenscheiben und Waldmeister servieren.

TIPPS

- Sie können die Focaccia je nach Geschmack zusätzlich mit Oliven, Rosmarin, getrockneten Tomaten oder Sardellenfilets belegen.
- Statt mit Wildschinken können Sie die Focaccia mit Grillgemüse (siehe Seite 22) belegen.

VARIATIONEN

- ***Kartoffelfocaccia:*** Verwenden Sie anstelle der Süßkartoffeln mehligkochende Kartoffeln.
- ***Kürbisfocaccia:*** Statt Süßkartoffeln verwenden Sie Speisekürbis.

Ciabatta mit Räucherlachs und Oliven-Ricottacreme

Für 4 Portionen, 12 Stück

OLIVEN-RICOTTACREME
40 g **Taggiasche-Oliven**
130 g **Ricotta** *oder Topfen (Quark)*
30 g **Basilikum,** *fein geschnitten*
½ **Peperoncino,** *zerrieben*
50 g **Pinoli,** *fein gehackt*
Salz
Pfeffer *aus der Mühle*

WEITERES
12 **Räucherlachsscheiben**
12 **Ciabattascheiben** *bzw. Bruschetta- oder Baguette-Brotscheiben*
2 EL **Olivenöl** *zum Anrösten*
12 **Radieschenscheiben** *zum Garnieren*
12 **Waldmeisterherzen** *zum Garnieren*

Oliven-Ricottacreme

- Die Taggiasche-Oliven entkernen und fein hacken.
- Den Ricotta cremig rühren, mit den gehackten Oliven, Basilikum, Peperoncino, Pinoli, Salz und Pfeffer würzen.

Fertigstellung

- Die Räucherlachsscheiben mit der Oliven-Ricottacreme bestreichen und einrollen.
- Ciabattascheiben mit Olivenöl beträufeln und in einer Pfanne, im Toaster oder im Backofen kurz anrösten.
- Die angerösteten Ciabattascheiben mit Lachsröllchen belegen und mit Radieschenscheiben und Waldmeisterherzen garniert servieren.

TIPP

- Anstelle der Ciabatta können Sie auch Focaccia (siehe Seite 44) verwenden.

VARIATIONEN

- ***Ciabatta mit Thunfisch und Oliven-Ricottacreme:*** Ersetzen Sie den Räucherlachs durch rohen Thunfisch.
- ***Ciabatta mit Schwertfisch und Oliven-Ricottacreme:*** Statt Räucherlachs verwenden Sie Schwertfisch.

MITTLERE NÄHRWERTE PRO PORTION
kcal 347 (kJ 1453)
Ballaststoffe 2 g
E 18 g **F** 21 g **KH** 22 g

Olivenbrot mit Tintenfisch und Avocado

Für 4 Portionen, 12 Stück

OLIVENBROT
- *30 g* ***Hefe***
- *300 ml* ***lauwarme Milch***
- *40 g* ***zerlassene Butter***
- *15 g* ***Salz***
- *6 g* ***Zucker***
- *500 g* ***Weizenmehl***
- *100 g* ***Taggiasche-Oliven,*** *grob gehackt*

TINTENFISCHE
- *200 g* ***kleine Tintenfische***
- *2 EL* ***Olivenöl*** *zum Braten*
- ***Salz***
- ***Pfeffer*** *aus der Mühle*
- *1 TL* ***Petersilie,*** *fein geschnitten*
- *1* ***kleine Knoblauchzehe,*** *fein gehackt*

WEITERES
- *12* ***kleine Avocadospalten***
- *2 EL* ***Olivenöl*** *zum Braten*
- *12* ***Dillspitzen*** *zum Garnieren*

Olivenbrot

- Die Hefe in der lauwarmen Milch auflösen.
- Butter, Salz, Zucker, Weizenmehl und aufgelöste Hefe in einer Schüssel zu einem glatten und geschmeidigen Teig verarbeiten.
- Den Teig mit einem Tuch zudecken und an einem warmen Ort etwa **30 Minuten** gehen lassen, bis sich das Volumen verdoppelt hat.
- Die Oliven zum Teig geben und nochmals durchkneten, in 2 Stränge schneiden und zu Baguettes formen. Mit einem scharfen Messer schräge Schnitte in die Baguettes schneiden.
- Auf ein Backblech legen und zugedeckt erneut aufgehen lassen. Die Baguettes im vorgeheizten Backofen bei **200 Grad** Umluft etwa **20 Minuten** backen.

Tintenfische

- Die Tintenfische putzen, waschen und mit Küchenkrepp trocken tupfen. Den Körper in Streifen schneiden und die Fangarme ganz lassen.
- In einer Pfanne Olivenöl erwärmen und die Tintenfische darin etwa **3 Minuten** braten.
- Die Tintenfische mit Salz, Pfeffer, Petersilie und Knoblauch würzen.

Fertigstellung

- Avocadospalten in Olivenöl beidseitig etwa **2 Minuten** braten, salzen und bereitstellen.
- Olivenbrot in Scheiben schneiden, mit den Tintenfischen und gebratenen Avocadospalten belegen.
- Mit Dillspitzen garnieren und servieren.

TIPPS

- Sie können die Brotscheiben auch leicht toasten.
- Anstelle der Tintenfische können Sie Scampi, Calamari oder geschmorten Oktopus (siehe Seite 114) verwenden.

MITTLERE NÄHRWERTE PRO PORTION
kcal 759 (kJ 3178)
Ballaststoffe 9 g
E 28 g **F** 32 g **KH** 90 g

Knoblauchcrostini mit Tomatenspalten und Mozzarelline

Für 4 Portionen, 12 Stück

KNOBLAUCHCROSTINI
80 ml ***Olivenöl***
1 ***Knoblauchzehe***
½ ***Peperoncino,*** *fein gehackt*
12 ***Kräuterbaguette-Scheiben*** *oder Ciabatta, getoastet*
12 ***Fleischtomatenspalten***
Salz
Pfeffer *aus der Mühle*
2 EL ***Olivenöl***
12 ***Mozzarelline***
2 EL ***Pesto*** *(siehe Seite 24)*
1 TL ***Balsamicoessig***
12 ***kleine Basilikumblätter*** *zum Garnieren*

Knoblauchcrostini

- Das Olivenöl in eine Schüssel geben, den Knoblauch schälen, fein hacken und mit Peperoncino unter das Olivenöl mischen.
- Die Brotscheiben damit bestreichen und in einer Pfanne oder im Backofen etwa **3 Minuten** rösten.
- Fleischtomatenspalten mit Salz, Pfeffer und Olivenöl würzen und auf die getoasteten Brotscheiben legen.
- Mit Mozzarelline, Pesto, Balsamicoessig und Basilikumblättern garniert servieren.

TIPPS

- Als Brot können Sie auch Olivenbrot (siehe Seite 48) oder normales Baguette verwenden.
- Ersetzen Sie die Fleischtomaten durch Dattel- oder Cocktailtomaten.
- Sie können die Tomaten auch mit gehackten Oliven und Basilikum vermischen.

VARIATION

- ***Knoblauchcrostini mit Melanzane:*** Anstelle von Tomaten verwenden Sie gebratete Melanzanewürfel.

MITTLERE NÄHRWERTE PRO PORTION
kcal 414 (kJ 1733)
Ballaststoffe 2 g
E 11 g **F** 32 g **KH** 21 g

Tramezzini mit Thunfisch und Radicchio

Für 4 Portionen, 12 Stück

ZUTATEN
- 250 g ***Thunfisch*** *in Öl*
- 2 EL ***Mayonnaise*** *(siehe Seite 72)*
- 2 EL ***Sauerrahm,*** *Schmand oder Naturjoghurt*
- ½ EL ***Zitronensaft***
- ***Salz***
- ***Pfeffer*** *aus der Mühle*
- 6 ***Radicchioblätter***
- 1 ***Fleischtomate***
- 12 ***Tramezzini-Brotscheiben***

WEITERES
- 12 ***Radicchiospitzen*** *zum Garnieren*
- 12 ***Kerbelblätter*** *zum Garnieren*

Zubereitung

- Den Thunfisch abtropfen lassen und mit einer Gabel etwas zerkleinern.
- Mayonnaise mit Sauerrahm vermischen, den Thunfisch untermengen und alles mit Zitronensaft, Salz und Pfeffer würzen.
- Die Radicchioblätter waschen und mit Küchenkrepp gut trocken tupfen.
- Die Fleischtomate ebenfalls waschen, den Stielansatz herausschneiden und in möglichst dünne Scheiben schneiden.
- Die Hälfte der Tramezzini-Brotscheiben mit jeweils einem Radicchioblatt und einer Tomatenscheibe belegen.
- Die Thunfischmasse darauf verteilen. Mit den restlichen Brotscheiben bedecken und leicht andrücken.
- Die Tramezzini-Brotscheiben in Quadrate schneiden und mit Radicchiospitzen und Kerbel garniert servieren.

TIPPS

- Zur Abwechslung können Sie auch 1 Teelöffel Kapern oder fein geschnittene Kräuter (Dillspitzen, Petersilie, Basilikum) bzw. Salate wie z. B. Rucola unter die Thunfischmasse mischen.
- Meist sind Tramezzini mit feinen Cremes gefüllt und müssen vorsichtig geschnitten werden. Am besten geht das mit einem scharfen Sägemesser.
- Beim Schneiden nicht zu fest drücken, damit die Füllung nicht herausgedrückt wird.
- Wer möchte, schneidet die Tramezzini zweimal diagonal durch, dann lassen sie sich noch einfacher essen.

MITTLERE NÄHRWERTE PRO PORTION
kcal 302 (kJ 1264)
Ballaststoffe 2 g
E 19 g **F** 17 g **KH** 20 g

SUPPEN UND DRINKS

Kräutersüppchen mit Räucheraalspieß

Für 4 Portionen, 12 Schälchen

KRÄUTERSÜPPCHEN
- 200 g ***Kartoffeln***
- 50 g ***Lauch***
- 1 ***Knoblauchzehe***
- 2 EL ***Olivenöl***
- 1 EL ***Butter***
- 1 l ***Gemüsebrühe*** *oder Wasser*
- ***Salz***
- ***Pfeffer*** *aus der Mühle*
- 80 g ***gekochter Giersch*** *oder Spinat*
- 1 EL ***Basilikum***
- 1 EL ***Kerbel***
- 1 EL ***Petersilie***
- 2 EL ***Nussöl*** *oder Olivenöl*

RÄUCHERAALSPIESS
- 200 g ***Räucheraalfilet***
- 6 ***Radieschen***
- 12 ***Taggiasche-Oliven***

WEITERES
- 12 ***Dillspitzen*** *zum Garnieren*

Kräutersüppchen

- Die Kartoffeln schälen und in kleine Würfel schneiden.
- Die äußeren Blätter der Lauchstange entfernen, den Lauch von der Wurzel her der Länge nach halbieren, waschen und in feine Ringe schneiden.
- Den Knoblauch schälen und in feine Scheiben schneiden.
- In einem Topf Olivenöl und Butter erwärmen, Lauch und Knoblauch darin dünsten.
- Kartoffeln dazugeben und mitdünsten.
- Die Gemüsebrühe angießen, salzen, pfeffern und etwa **15 Minuten** leicht kochen lassen.

Räucheraalspieß

- Den Räucheraal in Stücke und die Radieschen in Scheiben schneiden. Oliven halbieren.
- Die Räucheraalstücke, Radieschenscheiben und Oliven auf einen Holzspieß stecken.

Fertigstellung

- Den gekochten Giersch mit Basilikum, Kerbel und Petersilie zur Suppe geben, im Mixer fein mixen und mit Nussöl abschmecken.
- Das Kräutersüppchen in Schälchen füllen, den Räucheraalspieß draufsetzen und mit Dillspitzen garniert servieren.

TIPPS

- Sie können auch Wildkräuter wie Bärlauch, Löwenzahn, Gänseblümchen oder Bachkresse verwenden.
- Wichtig ist, dass Sie die Kräuter nie mit der Suppe zusammen kochen lassen, sonst wird die Suppe braun.
- Sie können die Suppe auch mit gerösteten Schwarzbrotwürfeln servieren.
- Als Einlage können Sie auch gebratene Garnelen oder gebratene Salsiccia verwenden.

MITTLERE NÄHRWERTE PRO PORTION
kcal 301 (kJ 1260)
Ballaststoffe 2 g
E 11 g **F** 24 g **KH** 9 g

Garnelensuppe mit Ingwer

Für 4 Portionen, 12 Tassen

ZUTATEN

300 g ***Garnelen***
Salz
Pfeffer *aus der Mühle*
3 EL ***Olivenöl*** *zum Braten*
1 EL ***Brandy*** *oder Cognac*
50 g ***Lauch,*** *in kleine Würfel geschnitten*
1 ***Knoblauchzehe,*** *grob gehackt*
30 g ***Stangensellerie,*** *in kleine Würfel geschnitten*
50 g ***Karotten,*** *in kleine Würfel geschnitten*
50 g ***Zwiebeln,*** *grob geschnitten*
1 TL ***Tomatenmark***
100 ml ***Weißwein***
1 l ***Gemüsebrühe*** *oder Wasser*
125 ml ***Sahne***
Salz
Pfeffer *aus der Mühle*
1 EL ***Ingwer,*** *gerieben*
1 TL ***Zitronensaft***

WEITERES

12 ***Tomatenwürfel***
½ TL ***feine Limettenzeste***
1 TL ***Olivenöl***

Garnelenspießchen

- Die Garnelen putzen, den Darm entfernen und die Schalen beiseite stellen.
- Die Garnelen halbieren, zwölf Hälften auf je einen Holzspieß stecken und mit Salz und Pfeffer würzen.
- Die Garnelenspieße und die restlichen Garnelenhälften in Olivenöl braten.
- Alles aus der Pfanne nehmen und die Garnelenhälften für die Einlage warm stellen.
- Die Tomatenwürfel auf die Garnelenspieße stecken und ebenfalls warmstellen.

Garnelensuppe

- Die Garnelenschalen waschen, in einen Kochtopf geben, leicht rösten und mit Brandy ablöschen.
- Lauch, Knoblauch, Stangensellerie, Karotten und Zwiebeln zu den Garnelenschalen geben und mitdünsten.
- Tomatenmark dazugeben und mit Weißwein sowie Gemüsebrühe aufgießen. Die Suppe etwa **15 Minuten** kochen lassen.
- Die Sahne zugeben und weitere **10 Minuten** kochen.
- Durch ein feines Sieb seihen.
- Die Garnelensuppe mit Salz, Ingwer und Zitronensaft abschmecken und mit dem Pürierstab etwas aufschäumen.

Fertigstellung

- Die Suppe in Tassen füllen, die gebratenen Garnelenhälften dazugeben und mit den Garnelenspießchen anrichten. Mit Limettenzeste und Olivenöl garnieren.

TIPPS

- Sie können anstelle der Garnelen auch andere Krustentiere wie Scampi oder Flusskrebse verwenden.
- Knoblauchtoast passt hervorragend zur Garnelensuppe.

MITTLERE NÄHRWERTE PRO PORTION
kcal 266 (kJ 1114)
Ballaststoffe 1 g
E 16 g **F** 18 g **KH** 5 g

Pressknödel mit Zwiebelsuppe

Für 4 Portionen, 12 Tellerchen

ZWIEBELSUPPE
- 200 g **Zwiebeln**
- 30 ml **Olivenöl**
- 30 ml **Weißwein**
- 250 ml **Fleischsuppe,** *Gemüsebrühe oder Wasser*
- ½ **Knoblauchzehe**
- 1 **Lorbeerblatt**
- 1 **Thymianzweig**
- **Salz**
- **Pfeffer** *aus der Mühle*

PRESSKNÖDEL
- 150 g **schnittfestes Weißbrot** *oder Knödelbrot*
- 100 ml **Milch**
- 100 g **Graukäse** *oder würziger Bergkäse*
- 2 **Eier**
- 1 EL **Weizenmehl**
- 2 EL **Schnittlauch** *oder Petersilie*
- **Salz**

WEITERES
- **Butter** *zum Anbraten*
- 12 **kleine Taubnesselblätter** *zum Garnieren*

Zwiebelsuppe

- Die Zwiebeln schälen, in Längsstreifen schneiden und in Olivenöl goldgelb anrösten.
- Mit Weißwein ablöschen und mit Fleischsuppe aufgießen.
- Die Suppe aufkochen lassen und mit Knoblauch, Lorbeerblatt, Thymian, Salz und Pfeffer würzen.
- Alles zusammen etwa **30 Minuten** kochen lassen.

Pressknödel

- Das Weißbrot in kleine Würfel schneiden und in eine Schüssel geben.
- Die Milch erwärmen und die Hälfte des Graukäses darin auflösen.
- Die andere Hälfte reiben oder in Würfel schneiden und zusammen mit Eiern, Weizenmehl, Schnittlauch und Salz zu den Weißbrotwürfeln geben.
- Die Masse gut durchkneten und etwa **15 Minuten** ziehen lassen.
- Aus der Masse Knödel formen und diese mit der Hand flach drücken.
- In einer Pfanne Butter erhitzen und die Pressknödel auf beiden Seiten etwa 2 **Minuten** braten.

Fertigstellung

- Reichlich Salzwasser in einem Topf zum Kochen bringen, die Pressknödel darin etwa **8 Minuten** köcheln lassen.
- Die Knödel in kleine Teller geben, heiße Zwiebelsuppe angießen und mit Taubnesselblättern garniert servieren.

TIPPS

- Wenn Sie die Pressknödel als Vorspeise servieren, reichen Sie dazu einen gemischten Salat.
- Sie können die Knödel auch auf Krautsalat, Rohnensalat oder gedünstetem Weißkraut servieren.

MITTLERE NÄHRWERTE PRO PORTION
kcal 375 (kJ 1570)
Ballaststoffe 2 g
E 16 g **F** 24 g **KH** 23 g

Melonen-Basilikum-Drink

Für etwa 4 kleine Gläser

ZUTATEN
- 200 g **Melonenfruchtfleisch**
- 100 ml **Mineralwasser**
- 1 EL **Zucker** oder Honig
- 2 **Basilikumblätter**

Zubereitung

- Das Melonenfruchtfleisch in Würfel schneiden, mit Mineralwasser und Zucker mit dem Pürierstab fein mixen.
- Die Basilikumblätter waschen, in den Melonen-Basilikum-Drink einlegen, 15 Minuten ziehen lassen und vor dem Servieren herausnehmen.
- In Gläser füllen und sofort servieren.

TIPP

- Nach Wunsch auch einmal aufmixen.

Buttermilch-Karotten-Drink

Für etwa 4 kleine Gläser

ZUTATEN
- 6 **Karotten**
- 100 ml **Buttermilch**
- 4 **Minzeblätter**
- ½ TL **Olivenöl**

Zubereitung

- Die Karotten putzen, waschen und schälen. Im Entsafter entsaften.
- Karottensaft mit Buttermilch, Minzeblättern und Olivenöl vermischen, in Gläser füllen und sofort servieren.

Birnen-Petersilien-Ingwer-Drink

Für etwa 4 kleine Gläser

ZUTATEN
- 4 **Birnen,** nicht zu reif
- 1 **Apfel** (Granny Smith)
- 5 **Petersilienblätter**
- ½ TL **Ingwer,** fein gerieben
- ½ TL **Distelöl**

Zubereitung

- Birnen und Apfel waschen, entkernen und mit Schale in Spalten schneiden.
- Die Petersilienblätter waschen und mit dem Obst im Entsafter entsaften.
- Mit Ingwer und Distelöl verrühren, in schöne Gläser füllen und sofort servieren.

MELONEN-BASILIKUM-DRINK
MITTLERE NÄHRWERTE PRO DRINK
kcal 36 (kJ 151)
Ballaststoffe 0,5 g
E 1 g **F** 0 g **KH** 8,5 g

BUTTERMILCH-KAROTTEN-DRINK
MITTLERE NÄHRWERTE PRO DRINK
kcal 31 (kJ 130)
Ballaststoffe 2 g
E 1,5 g **F** 1 g **KH** 4 g

BIRNEN-PETERSILIEN-INGWER-DRINK
MITTLERE NÄHRWERTE PRO DRINK
kcal 97 (kJ 406)
Ballaststoffe 5 g
E 1 g **F** 1 g **KH** 20 g

Apfelkaltschale

Für etwa 4 kleine Gläser

ZUTATEN

- 4 **Äpfel** *(Granny Smith)*
- 1 EL **Zitronensaft**
- 40 g **Zucker**
- 1 Msp. **Vanillemark**
- 1 **Zimtrinde,** *kleines Stück*

WEITERES

- 50 g **Apfelwürfel** *als Einlage*
- 4 **Apfelperlen**
- 4 **Minzeblätter** *zum Garnieren*

Zubereitung

- Die Äpfel waschen, entkernen und mit Schale in Spalten schneiden.
- Im Entsafter entsaften.
- Mit Zitronensaft, Zucker, Vanillemark und Zimtrinde aufkochen lassen.
- Durch ein feines Sieb oder Passiertuch passieren.
- Den erkalteten Saft in Gläser füllen und die Apfelwürfel dazugeben.
- Apfelperlen auf Holzspieße stecken, ins Glas geben und mit Minze garnieren.

TIPPS

- Sie können zur Apfelkaltschale auch ein Lachstatar servieren.
- Anstelle des frisch entsafteten Apfelsafts verwenden Sie naturtrüben Apfelsaft.
- Für einen erfrischenden Geschmack würzen Sie die Apfelkaltschale mit 1/2 Teelöffel fein geriebenem Ingwer.

VARIATIONEN

- ***Birnenkaltschale:*** Anstelle der Äpfel verwenden Sie Birnen.
- ***Ananaskaltschale:*** Ersetzen Sie die Äpfel durch Ananas.

MITTLERE NÄHRWERTE PRO PORTION

kcal 135 (kJ 565)
Ballaststoffe 4 g
E 1 g **F** 1 g **KH** 30 g

Tomatenkaltschale mit Mozzarelline-Spießchen

Für 4 Portionen, 12 Schälchen

TOMATENKALTSCHALE
- 500 g **reife Fleischtomaten** *oder Datteltomaten*
- **Salz**
- 3 EL **Olivenöl**
- 1 **Knoblauchzehe,** *fein gehackt*
- 1 EL **Basilikum,** *grob geschnitten*
- 1 TL **Zitronensaft**
- 1 Msp. **Peperoncino,** *fein gerieben*

MOZZARELLINE-SPIESSCHEN
- 12 **Mozzarelline** *oder 1 Mozzarella, in Würfel geschnitten*
- 12 **Taggiasche-Oliven**
- **Pfeffer** *aus der Mühle*

WEITERES
- 12 **kleine Basilikumblätter** *zum Garnieren*

Tomatenkaltschale

- Die Fleischtomaten waschen, in Stücke schneiden und salzen.
- Olivenöl mit Knoblauch und Basilikum leicht erwärmen, Knoblauch und Basilikum entfernen und Öl zu den Tomaten geben.
- Im Mixer fein mixen und durch ein Sieb passieren.
- Mit Zitronensaft und Peperoncino würzen.

Mozzarelline-Spießchen

- Mozzarelline und Oliven auf Holzspieße stecken und leicht pfeffern.

Fertigstellung

- Die Tomatenkaltschale in Schälchen füllen, mit Mozzarelline-Spießchen und Basilikumblättern garnieren.

TIPPS

- Die Tomatenkaltschale kann mit gegrillten Garnelen, Steinbutt, Seeteufel oder Räucherfischen wie Lachs und Stör serviert werden.
- Sie können die Tomatenkaltschale auch in Mokkatassen servieren.
- Statt Zitronensaft verwenden Sie weißen Balsamico- oder Estragonessig.

MITTLERE NÄHRWERTE PRO PORTION
kcal 205 (kJ 858)
Ballaststoffe 2 g
E 10 g **F** 22 g **KH** 4 g

GEMÜSE, FRÜCHTE UND PILZE

Honigfeige mit Roquefort

Für 4 Portionen, 12 Stück

ZUTATEN

- *150 g* ***Roquefort***
- *3* ***große Feigen***
- *4* ***Walnüsse***
- *1 EL* ***Walnussöl***
- *1 EL* ***Honig***
- *1 EL* ***alter Balsamicoessig***
- *12* ***Kerbelblätter*** *zum Garnieren*
- *12* ***Ringelblumenblätter*** *zum Garnieren*

Zubereitung

- Den Roquefort in Würfel schneiden.
- Die Feigen waschen, eventuell schälen und in dicke Scheiben schneiden.
- Die Walnüsse grob hacken.
- Den Roquefort auf den Feigenscheiben anrichten und mit Walnüssen bestreuen.
- Mit Walnussöl, Honig und Balsamico beträufeln und mit Kerbel- und Ringelblumenblättern garniert servieren.

TIPPS

- Verwenden Sie nur reife Feigen.
- Anstelle des Roqueforts können Sie Gorgonzola oder Camembert verwenden.
- Sie können die Feigen auch mit gerösteten Haselnüssen, Pinoli oder Mandeln servieren.

VARIATION

- ***Honigmarille mit Roquefort:*** Anstelle der Feigen verwenden Sie frische halbierte Marillen.

MITTLERE NÄHRWERTE PRO PORTION
kcal 259 (kJ 1084)
Ballaststoffe 2 g
E 10 g **F** 20 g **KH** 10 g

Gebackener Salbei mit Remouladensauce

Für 4 Portionen, 12 Gläser

MAYONNAISE
- 1 **Eigelb** *oder 30 g pasteurisiertes Eigelb*
- ½ TL **Senf**
- 1 EL **Wasser**
- 100 ml **mildes Olivenöl** *oder Samenöl*
- 1 TL **Zitronensaft**
- **Salz**

REMOULADENSAUCE
- 1 EL **Essiggurken,** *fein gehackt*
- 1 TL **Petersilie,** *fein geschnitten*
- 1 TL **Kapern,** *fein geschnitten*
- ½ TL **Sardellen,** *fein geschnitten*
- 1 TL **Zwiebeln,** *fein geschnitten*

SALBEIBLÄTTER
- 24 **große Salbeiblätter**
- 100 g **Weizenmehl**
- 2 **Eiweiß**
- **Backfett**
- **Salz**

WEITERES
- 2 EL **Salbeiblüten** *zum Garnieren*

MITTLERE NÄHRWERTE PRO PORTION
kcal 579 (kJ 2424)
Ballaststoffe 1,5 g
E 7 g **F** 53 g **KH** 19 g

Mayonnaise
- Eigelb, Senf und Wasser in einer Rührschüssel mit dem Schneebesen oder dem Handrührgerät gut verrühren.
- Das Öl fadenweise in die Eigelbmasse einrühren, bis eine Emulsion entstanden ist.
- Die Mayonnaise mit Zitronensaft und Salz abschmecken.

Remouladensauce
- 150 g Mayonnaise mit Essiggurken, Petersilie, Kapern, Sardellen und Zwiebeln vermischen, eventuell salzen.

Salbeiblätter
- Die Salbeiblätter waschen, mit Weizenmehl bestreuen und durch das aufgeschlagene Eiweiß ziehen.
- Die Salbeiblätter im etwa **170 Grad** heißen Backfett **1 Minute** backen. Mit Salz würzen.

Fertigstellung
- In die Gläser etwas Remouladensauce geben, die gebackenen Salbeiblätter hineinstellen, mit Salbeiblüten garnieren und servieren.

TIPPS
- Diese Remouladensauce können Sie zu kaltem Roastbeef, kaltem Braten, Spargel, zu gebackenem Fischfilet, Fondue usw. verwenden.
- Statt des herkömmlichen Salbeis können Sie Wiesensalbei verwenden.

VARIATIONEN
- ***Gebackene Zucchiniblüten mit Remouladensauce:*** Anstelle der Salbeiblätter verwenden Sie Zucchiniblüten.
- ***Gebackene Borretschblätter mit Remouladensauce:*** Ersetzen Sie die Salbeiblätter durch Borretschblätter.

Fenchelröllchen mit Melone, Ingwer und Minze

Für 4 Portionen, 12 Stück

ZUTATEN

400 g **Wassermelone**
Salz
schwarzer Pfeffer *aus der Mühle*
2 EL **Zitronensaft**
1 TL **geriebener Ingwer**
2 EL **Olivenöl**
12 **dünne rohe Fenchelscheiben**
125 g **Naturjoghurt**
12 **Minzeblätter** *zum Garnieren*
Fenchelgrün *zum Garnieren*

Zubereitung

- Die Wassermelone schälen, in zwölf etwa 2 cm große Würfel schneiden und mit Salz, Pfeffer, Zitronensaft, Ingwer und Olivenöl marinieren.
- Mit den Fenchelscheiben umwickeln.
- Naturjoghurt auf Schälchen verteilen, die Melonenwürfel darauf anrichten, mit Minze und Fenchelgrün garnieren und servieren.

TIPPS

- Statt der Wassermelone können Sie Avocadowürfel oder Orangenfilets verwenden.
- Sie können die Wassermelone auch durch Mango oder Papaya ersetzen.
- Ersetzen Sie das Olivenöl durch Sesam- oder Nussöl.

MITTLERE NÄHRWERTE PRO PORTION
kcal 100 (kJ 419)
Ballaststoffe 1,5 g
E 2 g **F** 5 g **KH** 11 g

Tomatenspießchen mit Scamorza und Basilikum

Für 4 Portionen, 12 Stück

OFENTOMATEN
- 400 g **Tomaten**
- 30 ml **Olivenöl**
- 2 **Knoblauchzehen,** *fein gehackt*
- 1 EL **Basilikum,** *grob geschnitten*
- **Salz**
- **Pfeffer** *aus der Mühle*

WEITERES
- 200 g **Scamorza** *(Käse)*
- 2 EL **Basilikum,** *in Streifen geschnitten*

Ofentomaten

- Die Tomaten kreuzweise einritzen, Stielansatz entfernen und **½ bis 1 Minute** ins kochende Wasser geben.
- Sofort in Eiswasser abschrecken, damit die Tomaten nicht zu »weich« werden. Nach dem Abkühlen aus dem Wasser nehmen und auf Küchenkrepp legen.
- Die Tomaten häuten, vierteln und die Kerne entfernen.
- Das feste Fruchtfleisch in 2 cm große Stücke schneiden.
- Olivenöl in einer Pfanne erhitzen, Knoblauch dazugeben und glasig dünsten.
- Die Tomatenstücke auf ein Backblech legen, mit Knoblauch und Olivenöl übergießen, mit Basilikum bestreuen, salzen, pfeffern und im Backofen bei **100 Grad** Umluft etwa **1 Stunde** trocknen lassen.

Fertigstellung

- Die Scamorza in 2 mm dicke und 2 cm große Stücke schneiden.
- Tomatenstücke und Scamorzascheiben abwechselnd auf Holzspieße stecken, mit fein geschnittenem Basilikum bestreuen und servieren.

TIPPS

- Servieren Sie die Tomatenspießchen mit einer Kressemayonnaise (siehe Seite 144).
- Anstelle von Scamorza verwenden Sie Mozzarella oder Bergkäse.
- Sie können auch gegrillte Melanzane und Zucchinischeiben mit aufspießen.
- Statt Ofentomaten können Sie auch in Olivenöl eingelegte getrocknete Tomaten nehmen.

MITTLERE NÄHRWERTE PRO PORTION
kcal 217 (kJ 909)
Ballaststoffe 1 g
E 11 g **F** 18 g **KH** 4 g

Gemüsesticks mit Kräuterdipp

Für 4 Portionen, 12 Gläser

GEMÜSESTICKS
1 ***mittelgroße Salatgurke***
1 ***gelbe Peperoni***
1 ***rote Peperoni***
1 ***Fenchel***

KRÄUTERDIPP
100 g ***Mayonnaise*** *(siehe Seite 72)*
1 EL ***Essiggurken,*** *fein gehackt*
1 EL ***Petersilie,*** *fein geschnitten*
1 EL ***Dill,*** *fein geschnitten*
1 TL ***Sardellen*** *in Öl, fein gehackt*
Salz
Pfeffer *aus der Mühle*
2 EL ***Sahne***

WEITERES
12 ***dünne Speckscheiben***

Gemüsesticks

- Die Salatgurke waschen und in 4 cm lange Stücke schneiden. Die Stücke sechsteln und die Kerne entfernen.
- Gelbe und rote Peperoni putzen, waschen und in 4 cm lange Streifen schneiden.
- Die harten Außenblätter der Fenchelknolle entfernen, den Strunk großzügig herausschneiden, Fenchelblätter waschen und ebenfalls in 4 cm lange Streifen schneiden.

Kräuterdipp

- Die Mayonnaise mit Essiggurken, Petersilie, Dill und Sardellen vermischen, mit Salz und Pfeffer würzen und mit Sahne verrühren.

Fertigstellung

- Den Kräuterdipp in kleine Gläser füllen, die Gemüsesticks mit Speck umwickeln, in die Gläser stellen und servieren.

TIPP

- Sie können auch andere Gemüsesorten verwenden, z. B. Frühlingszwiebeln, Fleischtomaten, Chicorée, Radicchio usw.

MITTLERE NÄHRWERTE PRO PORTION
kcal 405 (kJ 1696)
Ballaststoffe 5 g
E 5 g **F** 40 g **KH** 6 g

Karotten-Bohnen-Salat mit Sardellen

Für 4 Portionen, 12 Löffel

ZUTATEN

- 100 g **Urkarotten** *oder Karotten*
- 1 EL **Olivenöl** *zum Dünsten*
- 2 EL **Wasser**
- 60 g **weiße Bohnen,** *gekocht*
- 1 EL **Kerbel,** *fein geschnitten*
- 1 TL **Senf**
- 1 EL **Olivenöl**
- 1 TL **Zitronensaft**
- **Salz**

WEITERES

- 12 **Sardellenfilets** *in Öl*
- 12 **Kerbelblätter** *zum Garnieren*

Zubereitung

- Die Urkarotten schälen, waschen, abtrocknen und mit der Aufschnittmaschine längs in dünne Streifen schneiden oder fein hobeln.
- Die Karottenstreifen in Olivenöl und Wasser etwa **3 Minuten** dünsten.
- Mit Bohnen, Kerbel, Senf, Olivenöl, Zitronensaft und Salz vermischen.

Fertigstellung

- Den Karotten-Bohnen-Salat in einem Aperitiflöffel anrichten, mit Sardellenfilets und Kerbel garnieren und servieren.

TIPPS

- Sie können den Salat auch auf Brotscheiben servieren.
- Anstelle der Urkarotten können Sie Fenchel, Petersilienwurzeln oder Zucchini verwenden.

VARIATION

- ***Karotten-Bohnen-Salat mit Thunfisch:*** Statt Sardellen verwenden Sie marinierten Thunfisch.

MITTLERE NÄHRWERTE PRO PORTION

kcal 59 (kJ 247)

Ballaststoffe 1,5 g

E 2 g **F** 5 g **KH** 2 g

Melanzaneröllchen mit Schafskäse und Ofentomaten

Für 4 Portionen, 12 Stück

ZUTATEN
- ½ ***Melanzane***
- 2 EL ***Olivenöl***
- 300 g ***Schafskäse***
- 100 g ***Ofentomaten*** *(siehe Seite 76)*
- ***Salz***
- ***Pfeffer*** *aus der Mühle*
- 1 TL ***Thymian,*** *fein geschnitten*
- ½ ***Knoblauchzehe,*** *fein gehackt*

WEITERES
- 12 ***Tomatenwürfel***
- 12 ***Taggiasche-Oliven***
- 12 ***Petersilienblätter*** *zum Garnieren*

Zubereitung

- Die Melanzane schälen und längs in 3 mm dicke Scheiben schneiden. Mit etwas Olivenöl bestreichen und auf dem vorgeheizten Grill etwa **3 Minuten** grillen.
- Den Schafskäse und die Ofentomaten in kleine Würfel schneiden.
- Mit Salz, Pfeffer, Thymian und Knoblauch abschmecken und gut vermischen.
- Die Schafskäsefüllung auf die gegrillten Melanzanescheiben geben, aufrollen und die Röllchen halbieren.
- Tomatenwürfel und Taggiasche-Oliven mit einem Spießchen auf die Melanzaneröllchen stecken, mit Petersilienblättern garnieren und servieren.

TIPPS

- Zu den Melanzaneröllchen können Sie einen Avocado-Orangen-Salat servieren.
- Anstelle des Schafskäses können Sie auch Gorgonzola oder Topfen (Quark) verwenden.
- Die Melanzane können Sie auch durch gegrillte Peperoni-, Zucchini- oder Gurkenscheiben ersetzen.

VARIATIONEN

- ***Bresaolaröllchen mit Schafskäse:*** Anstelle der Melanzane verwenden Sie dünn aufgeschnittene Bresaola.
- ***Speckröllchen mit Schafskäse:*** Statt Melanzane nehmen Sie dünn aufgeschnittenen Südtiroler Speck.

MITTLERE NÄHRWERTE PRO PORTION

kcal 265 (kJ 1110)
Ballaststoffe 2 g
E 15 g **F** 21 g **KH** 23 g

Gemüsetatar im Chicoréeblatt

Für 4 Portionen, 12 Löffel

ZUTATEN

- 100 g **Zucchini**
- 100 g **Karotten**
- 100 g **Knollensellerie**
- 80 g **Melanzane**
- 100 g **Tomaten,** *in kleine Würfel geschnitten*
- 70 ml **Olivenöl**
- 30 ml **Balsamicoessig**
- **Salz**
- **Pfeffer** *aus der Mühle*
- 12 **kleine Chicoréeblätter**
- 12 **Kerbelblätter** *zum Garnieren*
- 3 **Cocktailtomaten,** *geviertelt*
- **Selleriegrün**

Zubereitung

- Zucchini, Karotten, Knollensellerie und Melanzane putzen, waschen, eventuell schälen und in kleine Würfel schneiden.
- Das Gemüse etwa **4 Minuten** kochen, abgießen, auskühlen und auf einem Küchenkrepp abtropfen lassen.
- Die Tomaten mit dem gekochten Gemüse vermischen, mit Olivenöl, Balsamicoessig, Salz und Pfeffer würzen.
- Das Gemüsetatar in die Chicoréeblätter füllen und mit Kerbelblättern, Tomatenviertel und Selleriegrün garniert servieren.

TIPPS

- Sie können das Gemüsetatar auch auf getoasteten Brotscheiben anrichten.
- Den Chicorée können Sie durch Radicchio oder gebackene Ziehteigblätter ersetzen.

VARIATION

- ***Pilztatar im Chicoréeblatt:*** Statt Gemüse verwenden Sie gebratene Pilze wie Pfifferlinge, Steinpilze oder Champignons.

MITTLERE NÄHRWERTE PRO PORTION
kcal 198 (kJ 829)
Ballaststoffe 4 g
E 2 g **F** 18 g **KH** 4 g

Kartoffelespuma mit Pfifferlingen

Für 4 Portionen, 12 Gläser

KARTOFFELESPUMA
- 300 g ***mehlige Kartoffeln***
- 30 g ***braune Butter***
- 60 ml ***Sauerrahm***
- 70 ml ***Milch***
- 30 ml ***Sahne***
- 20 ml ***Kartoffelkochwasser***
- 1 Msp. ***Muskatnuss,*** *gerieben*
- ***Salz***

PFIFFERLINGE
- 160 g ***Pfifferlinge***
- 2 EL ***Butter***
- 50 g ***Zwiebeln,*** *fein geschnitten*
- 1 ***Knoblauchzehe,*** *fein gehackt*
- 50 ml ***Gemüsebrühe*** *oder Wasser*
- 1 EL ***Petersilie,*** *fein geschnitten*
- 1 TL ***Majoran,*** *fein geschnitten*
- ***Salz***
- ***Pfeffer*** *aus der Mühle*

WEITERES
- 2 ***Sahnekapseln***
- 12 ***Dillspitzen*** *zum Garnieren*
- 12 ***Distelblüten*** *zum Garnieren*

MITTLERE NÄHRWERTE PRO PORTION
kcal 214 (kJ 896)
Ballaststoffe 4 g
E 4 g **F** 16 g **KH** 14 g

Kartoffelespuma

- Die Kartoffeln schälen, waschen und in 2 cm große Würfel schneiden. In Salzwasser etwa **20 Minuten** weich kochen und abseihen.
- Noch heiß durch die Kartoffelpresse drücken oder durch die Handpassiermaschine (Flotte Lotte) drehen.
- In einem Topf Butter, Sauerrahm, Milch, Sahne und Kartoffelkochwasser vermischen und erwärmen.
- Mit Muskatnuss und Salz würzen.
- Zu den passierten Kartoffeln geben und gut verrühren, durch ein sehr feines Sieb passieren und in eine Espumaflasche füllen.
- Mit zwei Sahnekapseln versetzen, kurz schütteln und im heißen Wasserbad bereitstellen.

Pfifferlinge

- Die Pfifferlinge putzen und waschen, große Pfifferlinge eventuell vierteln.
- Butter erhitzen, Zwiebel- und Knoblauchwürfel darin anschwitzen, Pfifferlinge zufügen und etwa **3 Minuten** braten. Mit Gemüsebrühe aufgießen und kurz einkochen lassen.
- Mit Petersilie, Majoran, Salz und Pfeffer würzen.

Fertigstellung

- Die gebratenen Pfifferlinge auf Gläser verteilen, die Kartoffelespuma daraufspritzen, mit Dillspitzen und Distelblüten garnieren und servieren.

TIPP

- Anstelle der Pfifferlinge können Sie gebratene Steinpilze, Champignons oder Austernpilze verwenden.

VARIATIONEN

- ***Kartoffelespuma mit Kalbsgulasch:*** Ersetzen Sie die Pfifferlinge durch Kalbsgulasch.
- ***Kartoffelespuma mit Rindsgulasch:*** Ersetzen Sie die Pfifferlinge durch Rindsgulasch.
- ***Kartoffelespuma mit Gemüseragout:*** Ersetzen Sie die Pfifferlinge durch ein Ragout aus Melanzane, Zucchini und Peperoni.

Gebratener Steinpilzstrudel mit Kräutersalat

Für 4 Portionen, 12 Stück

STEINPILZSTRUDEL
- 300 g **Steinpilze**
- 80 g **Lauch**
- 1 **Knoblauchzehe,** *fein gehackt*
- 50 g **Butter**
- 2 **Eigelb**
- 20 g **Parmesan,** *gerieben*
- 1 TL **Majoran,** *fein geschnitten*
- 1 EL **Petersilie,** *fein geschnitten*
- **Pfeffer** *aus der Mühle*
- **Salz**

MARINADE
- 30 ml **Olivenöl**
- 1 EL **Zitronensaft**
- 1 TL **Senf**
- 20 ml **Sekt,** *Weißwein oder Wasser*
- **Salz**

KRÄUTERSALAT
- 20 g **Kresse, Pimpinelle, Schafgarbenblätter, Friséesalat, Salbeiblüten**

WEITERES
- 100 g **Ziehteig**
- 2 EL **Eiweiß** *zum Bestreichen*
- 50 g **Butterschmalz** *oder Öl zum Anbraten*

Steinpilzstrudel
- Die Steinpilze putzen, eventuell waschen und in Scheiben schneiden.
- Den Lauch putzen, in Streifen schneiden und mit Knoblauch in Butter dünsten.
- Die Steinpilze zum Lauch geben und kurz mitdünsten.
- Eigelb mit dem Steinpilz-Lauch-Gemisch vermengen, mit Parmesan, Majoran, Petersilie, Pfeffer und Salz würzen.

Marinade
- Olivenöl, Zitronensaft, Senf, Sekt und Salz zu einer Marinade verrühren.

Kräutersalat
- Kresse, Pimpinelle, Schafgarbenblätter, Friséesalat und Salbeiblüten klein zupfen und gut mit der Marinade vermischen.

Fertigstellung
- Den Ziehteig dünn ausziehen, etwas antrocknen lassen und in vier gleich große Rechtecke (15 x 20 cm) schneiden.
- Die Steinpilzfüllung auf die Teigblätter geben, die Teigränder mit Eiweiß bestreichen, die kleinen Strudel locker einrollen und gut verschließen.
- In einer Pfanne Butterschmalz erhitzen und die Ministrudel darin auf allen Seiten in etwa **8 Minuten** goldbraun braten.
- Die Strudel in drei gleich große Stücke schneiden und mit dem marinierten Kräutersalat anrichten.

TIPP
- Anstelle der Steinpilze können Sie auch andere Pilze, z. B. Champignons, Egerlinge oder Pfifferlinge, verwenden.

MITTLERE NÄHRWERTE PRO PORTION
kcal 459 (kJ 1922)
Ballaststoffe 6 g
E 12 g **F** 38 g **KH** 20 g

Pochiertes Wachtelei auf Radicchiosalat

Für 4 Portionen, 12 Löffel

POCHIERTES WACHTELEI
500 ml **Wasser**
3 EL **Weißweinessig**
1 **kleines Lorbeerblatt**
2 **Pfefferkörner,** zerdrückt
12 **Wachteleier**

RADICCHIOSALAT
100 g **Radicchio**
1 EL **Balsamicoessig**
1 EL **Olivenöl**
Salz
Pfeffer aus der Mühle

WEITERES
1 EL **geröstete Brotwürfel** zum Garnieren
1 TL **Petersilie,** fein geschnitten

MITTLERE NÄHRWERTE PRO PORTION
kcal 77 (kJ 322)
Ballaststoffe 0,5 g
E 5 g **F** 6 g **KH** 3 g

Pochiertes Wachtelei

- Das Wasser mit Weißweinessig, Lorbeerblatt und Pfefferkörnern in einem kleinen Topf bis zum Siedepunkt erhitzen.
- Die Wachteleier aufschlagen, ohne das Eigelb zu verletzen und einzeln in Schälchen geben. Ins Essigwasser gleiten lassen (falls die Eier am Pfannenboden haften bleiben, mit einem Spatel oder Löffel lösen).
- Die Wachteleier im **90 Grad** heißen Wasser etwa **3 Minuten** gar ziehen lassen (das Eiweiß muss fest, das Eigelb jedoch weich sein). Mit einer flachen Schaumkelle herausheben.

Radicchiosalat

- Den Radicchio in feine Streifen schneiden, mit Balsamicoessig, Olivenöl, Salz und Pfeffer marinieren.

Fertigstellung

- Den Radicchio auf Aperitiflöffel verteilen, das pochierte Wachtelei daraufsetzen, mit gerösteten Brotwürfeln und Petersilie garnieren und servieren.

TIPPS

- Statt Radicchio können Sie gebratene Zucchiniwürfel verwenden.
- Das Wachtelei können Sie auch auf gebratenen Pfifferlingen (siehe Seite 86) servieren.
- Sie können das Wachtelei auch auf einer Kartoffelespuma (siehe Seite 86) servieren.

Gebackenes Gemüse auf Remouladensauce

Für 4 Portionen, 12 Schälchen

GEBACKENES GEMÜSE
- 12 ***gekochte Karottenwürfel***
- 12 ***gekochte Broccoliröschen***
- 12 ***frische kleine Champignonköpfe***
- ***Salz***
- ***Pfeffer*** *aus der Mühle*
- 50 g ***Weizenmehl*** *zum Panieren*
- 1 ***Ei*** *zum Panieren*
- 100 g ***Brotbrösel*** *zum Panieren*

REMOULADENSAUCE
- 100 g ***Mayonnaise*** *(siehe Seite 72)*
- 1 EL ***Essiggurken,*** *gehackt*
- 1 TL ***Kapern,*** *gehackt*
- 1 TL ***Sardellen,*** *gehackt*
- 1 EL ***Petersilie,*** *fein geschnitten*
- ***Salz***
- ***Pfeffer*** *aus der Mühle*

WEITERES
- ***Backfett***
- ***Olivenöl*** *zum Beträufeln*
- ***Kerbelblätter*** *zum Garnieren*

Gebackenes Gemüse
- Das Gemüse mit etwas Salz und Pfeffer würzen, in Weizenmehl wenden, durch das verquirlte Ei ziehen und mit den Brotbröseln panieren.
- Das Gemüse im **180 Grad** heißen Backfett etwa **3 Minuten** backen. Auf Küchenkrepp geben und abtropfen lassen.

Remouladensauce
- Die Mayonnaise mit Essiggurken, Kapern, Sardellen, Petersilie, Salz und Pfeffer vermischen.

Fertigstellung
- Die Remouladensauce in Schälchen geben, das gebackene Gemüse darauf verteilen, mit etwas Olivenöl beträufeln und mit Kerbelblättern garnieren.

TIPPS
- Statt Gemüse können Sie Camembert, Brie oder Ziegenweichkäse verwenden.
- Sie können auch andere Gemüsesorten verwenden, z. B. Spargel, Fenchel, Petersilienwurzeln oder Peperoni.

VARIATION
- ***Gebackenes Gemüse auf Sahnemeerrettich:*** Servieren Sie anstelle der Remouladensauce Sahnemeerrettich.

MITTLERE NÄHRWERTE PRO PORTION
kcal 381 (kJ 1595)
Ballaststoffe 4 g
E 8 g **F** 28 g **KH** 24 g

Cappelletti mit Melanzanefüllung und Burrata

Für 4 Portionen, 12 Stück

MELANZANEFÜLLUNG
- *50 g* ***Zwiebeln***
- *1* ***Knoblauchzehe,*** *fein gehackt*
- *50 g* ***Butter***
- *350 g* ***Melanzane***
- *1 EL* ***Parmesan,*** *gerieben*
- ***Salz***
- ***Pfeffer*** *aus der Mühle*

EIERNUDELTEIG
- *50 g* ***Weizenmehl***
- *50 g* ***Hartweizenmehl***
- *50 g* ***Eigelb***
- ***Salz***

WEITERES
- *125 g* ***Burrata***
- *100 g* ***gedünstete Peperoni***
- *2 EL* ***Parmesan*** *zum Bestreuen*
- *2 EL* ***braune Butter*** *zum Beträufeln*
- *60 g* ***gebackene Melanzanewürfel***
- ***Pfeffer*** *aus der Mühle*
- *2 EL* ***Basilikum,*** *in Streifen geschnitten*

Melanzanefüllung

- Die Zwiebeln schälen, in kleine Würfel schneiden und mit Knoblauch in Butter dünsten.
- Die Melanzane schälen, in kleine Würfel schneiden, zu den gedünsteten Zwiebeln geben und etwa **6 Minuten** dünsten.
- Die Füllung etwas auskühlen lassen und mit Parmesan gut vermischen, mit Salz und Pfeffer würzen.

Eiernudelteig

- Weizenmehl, Hartweizenmehl, Eigelb und Salz zu einem glatten Teig verkneten.

Fertigstellung

- Den Nudelteig mit der Nudelmaschine dünn ausrollen, die Melanzanefüllung im Abstand von 5 cm mit einem Löffel auf ein Nudelblatt setzen, mit einem zweiten Teigblatt abdecken und die Ränder gut andrücken. Rund (4 cm Ø) ausstechen und Cappelletti formen.
- Die Cappelletti in Salzwasser etwa **5 Minuten** kochen.
- Die Burrata in Stücke schneiden und zusammen mit den Peperoni in Schälchen anrichten.
- Die gekochten Cappelletti darauflegen, mit Parmesan und brauner Butter abschmälzen und mit Basilikumstreifen und gebackenen Melanzanewürfeln garnieren.

TIPPS

- Sie können die Cappelletti auch mit Zucchini oder Blumenkohl füllen.
- Statt Eiernudelteig eignet sich auch ein Kartoffelteig (siehe Seite 152).

MITTLERE NÄHRWERTE PRO PORTION
kcal 416 (kJ 1742)
Ballaststoffe 5 g
E 15 g **F** 30 g **KH** 21 g

FISCH UND MEERESFRÜCHTE

Garnelencocktail

Für 4 Portionen, 12 Gläser

ZUTATEN

- 12 ***frische Garnelen***
- 2 EL ***Olivenöl***
- 1 EL ***Zitronensaft***
- 4 ***Passionsfrüchte,*** *Saft*
- ***Salz***
- ***Pfeffer*** *aus der Mühle*
- 200 g ***grüner Spargel***
- 1 ***Mango,*** *in Spalten geschnitten*
- 12 ***Dillspitzen*** *zum Garnieren*

Zubereitung

- Die Garnelen aus den Schalen lösen, das Schwanzende dranlassen, den Darm entfernen, waschen und trocken tupfen.
- In Olivenöl etwa **3 Minuten** braten.
- Mit Zitronensaft, Passionsfruchtsaft, Salz und Pfeffer würzen.
- Den grünen Spargel schälen, in Salzwasser etwa **8 Minuten** kochen und in Scheiben schneiden.

Fertigstellung

- Die Garnelen zusammen mit Mangospalten und Spargelscheiben in kleinen Gläsern anrichten, mit Dillspitzen garnieren und servieren.

TIPPS

- Hummer-, Scampi- oder Langustencocktails können auf die gleiche Weise zubereitet werden.
- Sie können auch gefrorene oder bereits marinierte Garnelen verwenden.
- Sie können den Cocktail auch mit einer Cocktailsauce servieren.
- Die Mango können Sie durch Melone, Papaya oder Ananas ersetzen.

MITTLERE NÄHRWERTE PRO PORTION
kcal 132 (kJ 553)
Ballaststoffe 2 g
E 9 g **F** 5 g **KH** 11 g

Austern auf Passionsfrucht und rotem Pfeffer

Für 4 Portionen, 12 Austern

ZUTATEN

12 ***frische Austern***
5 ***Passionsfrüchte***
2 EL ***Olivenöl***
1 TL ***roter Pfeffer*** *aus der Mühle*
Salbeiblüten *und* ***Malvenblüten*** *zum Garnieren*

Zubereitung

- Die Austern mit einem Austernöffner öffnen und mit einem Pinsel mögliche Schalenreste entfernen.
- Die Passionsfrüchte halbieren, Kerne und Fruchtfleisch herauskratzen und durch ein feines Sieb passieren.
- Den Passionsfruchtsaft mit etwas Olivenöl zu einer Marinade verrühren.

Fertigstellung

- Die Marinade über die Austern gießen, mit rotem Pfeffer bestreuen und mit den Blüten auf Eis servieren.

TIPPS

- Sie können die Austern auch mit Limettenmayonnaise (siehe Seite 34) servieren.
- Die Passionsfrüchte können Sie durch Orangensaft ersetzen.

VARIATIONEN

- ***Meeresträffel auf Passionsfrucht und rotem Pfeffer:*** Ersetzen Sie die Austern durch Meeresträffel.
- ***Jakobsmuscheln auf Passionsfrucht und rotem Pfeffer:*** Statt Austern verwenden Sie Jakobsmuscheln.

MITTLERE NÄHRWERTE PRO PORTION
kcal 95 (kJ 398)
Ballaststoffe 1 g
E 4 g **F** 5 g **KH** 8 g

Räucherforellen-Tatar mit Sauerrahm auf Salatgurke

Für 4 Portionen, 12 Stück

RÄUCHERFORELLEN-TATAR
- *100 g* **Räucherforelle**
- *1 TL* **Olivenöl**
- *1 TL* **Dill,** *fein geschnitten*
- *1 TL* **Zitronensaft**
- *50 g* **Radieschen,** *fein geschnitten*
- *2 EL* **Sauerrahm**
- **Salz**
- **Pfeffer** *aus der Mühle*

WEITERES
- *12* **Salatgurkenscheiben**
- *12* **Erbsensprossen** *zum Garnieren*
- *12* **Radieschenscheiben** *zum Garnieren*
- *2 EL* **Olivenöl**

Räucherforellen-Tatar

- Von der Räucherforelle die Haut abziehen und den Fisch in kleine Würfel schneiden.
- Mit Olivenöl, Dill, Zitronensaft, Radieschen und Sauerrahm verrühren und mit Salz und Pfeffer würzen.

Fertigstellung

- Räucherforellen-Tatar mit einem Teelöffel zu Nocken formen und auf den Gurkenscheiben anrichten.
- Mit Erbsensprossen, Radieschenscheiben und Olivenöl garnieren und servieren.

TIPPS

- Statt der Salatgurke können Sie gedünstete Kürbis- oder Zucchinischeiben verwenden.
- Den Sauerrahm können Sie durch Mascarpone, Topfen (Quark) oder Schmand ersetzen.

VARIATIONEN

- ***Räucheraal-Tatar mit Sauerrahm auf Salatgurke:*** Statt Räucherforelle verwenden Sie Räucheraal.
- ***Thunfisch-Tatar mit Sauerrahm auf Salatgurke:*** Ersetzen Sie die Räucherforelle durch geräucherten Thunfisch.

MITTLERE NÄHRWERTE PRO PORTION
kcal 95 (kJ 398)
Ballaststoffe 0,5 g
E 5 g **F** 8 g **KH** 1 g

Crêpes-Lachsröllchen

Für 4 Portionen, 12 Löffel

MARINIERTER LACHS
- 1 kg **Lachsfilet**
- 1 TL **Wacholderbeeren**
- 2 EL **Koriandersamen**
- ½ TL **Fenchelsamen**
- 1 EL **Senfkörner**
- 125 g **Salz**
- 100 g **Zucker**
- 8 g **Paprikapulver**
- 5 g **weißer Pfeffer** aus der Mühle
- 1 EL **Dill**
- 1 EL **Thymian**
- 1 EL **Petersilie**

CRÊPES
- 100 g **Weizenmehl**
- 100 ml **Milch**
- 1 Prise **Salz**
- 2 **Eier**
- **Butter** zum Backen

WEITERES
- 12 **marinierte Lachsscheiben**
- 4 EL **Dill-Sauerrahm** (4 EL Sauerrahm mit ½ TL fein gehacktem Dill, Salz und Pfeffer würzen)
- 12 **Dillspitzen** zum Garnieren

MITTLERE NÄHRWERTE PRO PORTION
kcal 777 (kJ 3253)
Ballaststoffe 1,5 g
E 57 g **F** 42 g **KH** 44 g

Marinierter Lachs

- Die Gräten aus dem Lachsfilet ziehen und das Lachsfilet in einen flachen Behälter legen.
- Wacholderbeeren, Koriander- und Fenchelsamen sowie Senfkörner zerdrücken und mit Salz, Zucker, Paprikapulver und Pfeffer in einer Schüssel vermischen.
- Dill, Thymian und Petersilie grob schneiden.
- Das Lachsfilet rundum mit den Kräutern und Gewürzen bedecken, mit Klarsichtfolie abdecken und **12 Stunden** im Kühlschrank marinieren lassen.
- Den Lachs aus der Marinade nehmen, waschen, abtrocknen und anschließend weitere **12 Stunden** im Kühlschrank ruhen lassen.

Crêpes

- Weizenmehl, Milch, Salz und Eier glatt rühren.
- In einer beschichteten Pfanne die Butter erhitzen, etwas Teig hineingeben und dabei die Pfanne so bewegen, dass der Teig gleichmäßig verlaufen kann. Die Crêpes auf beiden Seiten etwa **2 Minuten** backen. Den Vorgang wiederholen, bis der Teig aufgebraucht ist.

Fertigstellung

- Vier Crêpes mit Dill-Sauerrahm bestreichen und zwölf Lachsscheiben darauf verteilen.
- Die Crêpes einrollen, mit einem scharfen Messer in Stücke schneiden und mit Dill garnieren.

TIPPS

- Sie können anstelle der Crêpes auch kleine Buchweizenblinis mit Lachs und Dill-Sauerrahm servieren.
- Verwenden Sie statt des marinierten Lachses geräucherten Lachs.

VARIATIONEN

- ***Crêpes-Thunfischröllchen:*** Statt Lachs eignet sich auch Thunfischfilet zum Marinieren.
- ***Crêpes-Seeteufelröllchen:*** Statt Lachs verwenden Sie Seeteufelfilet.

Mit Miesmuscheln gefüllte Tomaten

Für 4 Portionen, 12 Löffel

ZUTATEN

- *1 kg* ***Miesmuscheln*** *(cozze)*
- 4 EL ***Olivenöl***
- ½ ***Zwiebel,*** *in Streifen geschnitten*
- 1 ***Knoblauchzehe***
- 30 ml ***Weißwein***
- 1 EL ***Petersilie,*** *fein geschnitten*
- ***Pfeffer*** *aus der Mühle*
- ½ EL ***Zitronensaft***
- 12 ***sehr kleine Tomaten***
- ***Salz***
- ***Dillspitzen*** *zum Garnieren*

Zubereitung

- Die Miesmuscheln unter kaltem Wasser bürsten, den Bart entfernen und geöffnete Muscheln aussortieren.
- In einem Topf Olivenöl erwärmen, Zwiebeln und Knoblauch leicht anschwitzen.
- Die Muscheln und den Weißwein dazugeben, zudecken und etwa **4 Minuten** kochen lassen, bis die Muscheln aufspringen (geschlossene Muscheln nicht verwenden).
- Die Muscheln aus den Schalen lösen, mit Petersilie bestreuen, mit Pfeffer und Zitronensaft würzen und bereitstellen.
- Die Tomaten waschen, die Haut kreuzweise einritzen und etwa **1 Minute** ins kochende Wasser geben. Herausnehmen und in kaltem Wasser abkühlen. Aus dem Wasser nehmen und die Haut abziehen.
- Den Deckel der Tomaten abschneiden und mit einem Kugelausstecher oder einem kleinen Löffel die Kerne herausnehmen, leicht salzen und pfeffern.

Fertigstellung

- Die Tomaten mit den noch warmen Miesmuscheln füllen.
- Auf Löffeln anrichten, mit Dill garnieren und servieren.

TIPPS

- Anstelle der Miesmuscheln können Sie Venus- oder Herzmuscheln verwenden.
- Statt Tomaten können Sie ausgehöhlte Salatgurkenstücke verwenden.

MITTLERE NÄHRWERTE PRO PORTION
kcal 237 (kJ 992)
Ballaststoffe 1 g
E 26 g **F** 13 g **KH** 4 g

Sardinen mit süßsauren Zwiebeln

Für 4 Portionen, 12 Stück

SÜSSSAURE ZWIEBELN
- 2 **mittelgroße rote Zwiebeln**
- 1 **Knoblauchzehe,** *fein gehackt*
- 1 TL **Butter**
- 200 ml **Wasser**
- 125 ml **Rotweinessig**
- 1 **Lorbeerblatt**
- **Salz**
- **Pfeffer** *aus der Mühle*

SARDINEN
- 6 **Sardinen**
- **Salz**
- **Pfeffer** *aus der Mühle*
- 30 ml **Olivenöl**
- 2 EL **Weißweinessig**

WEITERES
- 12 **Erbsensprossen** *zum Garnieren*

Süßsaure Zwiebeln

- Die Zwiebeln schälen, in Streifen schneiden und mit Knoblauch in Butter dünsten, bis die Zwiebeln schön glasiert sind.
- Mit Wasser und Rotweinessig aufgießen und etwa **20 Minuten** dünsten.
- Zwiebeln mit Lorbeerblatt, Salz und Pfeffer würzen.

Sardinen

- Die Sardinen ausnehmen, waschen und filetieren (den Kopf zum Rückgrat ziehen).
- Die Filets auf einen Holzspieß stecken und mit Salz und Pfeffer würzen. In einer Pfanne mit Olivenöl auf der Hautseite etwa **2 Minuten** braten, wenden und etwa **1 Minute** fertigbraten. Mit Weißweinessig ablöschen.

Fertigstellung

- Die süßsauren Zwiebeln auf die Schälchen verteilen, die Sardinen darauflegen und mit Erbsensprossen garnieren.

TIPPS

- Sie können die Sardinen durch Makrelen-, Forellen- oder Saiblingsfilet ersetzen.
- Anstelle der Zwiebeln können Sie auch Schalotten oder Perlzwiebeln verwenden.
- Dazu passen Grissini oder frisches, knuspriges Weißbrot.
- Sie können die Sardinen auch mit Karottenpüree servieren.

MITTLERE NÄHRWERTE PRO PORTION
kcal 139 (kJ 582)
Ballaststoffe 0,5 g
E 5 g **F** 10 g **KH** 3 g

Brie mit Peperoni und Sardellen

Für 4 Portionen, 12 Stück

ZUTATEN

- 2 ***rote Peperoni***
- *200 g* ***Brie***
- ***Salz***
- ***Pfeffer*** *aus der Mühle*
- 12 ***Sardellenfilets*** *in Öl*

WEITERES

- ***Basilikum,*** *fein geschnitten, zum Garnieren*
- 2 EL ***Basilikumöl*** *(100 ml Olivenöl mit 30 g Basilikum im Thermomixer/ Bimby bei 70 Grad fein mixen)*

Zubereitung

- Die Peperoni waschen und im vorgeheizten Backofen bei **200 Grad** Umluft etwa **15 Minuten** braten, bis die Schale dunkelbraun ist (denn nur dann löst sich die Schale).
- Die Peperoni etwas auskühlen lassen, vierteln, von Strunk und Samenkernen befreien und die Schale mit einem kleinen Messer abziehen. Peperoniviertel längs halbieren.

Fertigstellung

- Den Brie in zwölf gleich große längliche Stücke schneiden, mit Salz und Pfeffer würzen.
- Auf die Peperonistücke geben, Sardellen ebenfalls darauflegen.
- Die Peperoni einrollen, mit Basilikum garnieren und mit Basilikumöl beträufeln.

TIPPS

- Sie können die Sardellen auch weglassen.
- Den Brie können Sie durch Taleggio, Mozzarella oder Gorgonzola ersetzen.
- Statt Käse können Sie auch Avocado oder Papaya verwenden.
- Sie können das Basilikumöl auch mit dem Pürierstab in einem Messbecher über dem Wasserbad bei **70 Grad** mixen.

VARIATIONEN

- ***Brie mit Zucchini und Sardellen:*** Anstelle der Peperoni können Sie gegrillte Zucchinischeiben verwenden.
- ***Brie mit Melanzane und Sardellen:*** Statt Peperoni verwenden Sie gegrillte Melanzanescheiben.

MITTLERE NÄHRWERTE PRO PORTION
kcal 229 (kJ 959)
Ballaststoffe 2,5 g
E 19 g **F** 8 g **KH** 2 g

Linsensalat mit pochiertem Lachs

Für 4 Portionen, 12 Löffel

LINSENSALAT
- *200 g* ***braune Linsen***
- *200 g* ***Karotten***
- *80 g* ***Zwiebeln,*** *fein geschnitten*
- *1* ***Knoblauchzehe,*** *fein gehackt*
- *50 ml* ***Olivenöl***
- *30 ml* ***Balsamicoessig***
- *400 ml* ***Wasser***
- ***Salz***
- ***Pfeffer*** *aus der Mühle*

POCHIERTER LACHS
- *300 g* ***Lachs***
- ***Salz***
- ***Öl*** *zum Bestreichen*

WEITERES
- *2 EL* ***Lachskaviar*** *zum Garnieren*
- *12* ***Schnittlauchspitzen*** *zum Garnieren*
- ***Olivenöl*** *zum Beträufeln*

Linsensalat

- Die Linsen waschen, eventuell **einige Stunden** in kaltem Wasser einweichen.
- Die Karotten schälen und in kleine Würfel schneiden.
- Zwiebeln, Karotten und Knoblauch in Olivenöl dünsten und die Linsen dazugeben (Einweichwasser vorher abgießen).
- Mit Balsamicoessig ablöschen, mit Wasser auffüllen und zugedeckt etwa **30 Minuten** kochen lassen (bis die Linsen weich sind).
- Am Ende der Garzeit salzen und pfeffern.

Pochierter Lachs

- Den Lachs in zwölf gleich große Würfel schneiden und salzen.
- Das Backblech mit Backpapier auslegen und mit Öl bestreichen.
- Die Lachswürfel darauflegen und im Backofen bei **80 Grad** Umluft etwa **10 Minuten** garen.

Fertigstellung

- Den Linsensalat auf Löffel verteilen, mit Lachs, Lachskaviar, Schnittlauchspitzen und Olivenöl garnieren und servieren.

TIPPS

- Servieren Sie den Linsensalat mit Rohschinken, Salami, Lammschinken, geräucherter Entenbrust oder gekochtem Schinken.
- Wenn Sie Linsen kochen, sollten Sie das Einweichwasser nicht verwenden, denn es verursacht Blähungen.
- Anstelle der braunen Linsen können Sie auch rote oder grüne Linsen verwenden.
- Würzen Sie den Linsensalat mit Senfsprossen oder Radieschensprossen, so wird er besonders würzig und Sie müssen weniger Salz verwenden.

MITTLERE NÄHRWERTE PRO PORTION

kcal 469 (kJ 1964)

Ballaststoffe 10,5 g

E 28 g **F** 28 g **KH** 24 g

Oktopus aglio olio auf Risinabohnen

Für 4 Portionen, 12 Löffel

OKTOPUS
600 g **Oktopus**
1 **Zwiebel**
2 **Petersilienstängel**
1 **Lorbeerblatt**
2 EL **Zitronensaft**
50 ml **Olivenöl**
Salz
1 **Peperoncino,** *fein gerieben*
1 **Knoblauchzehe,** *fein gehackt*
Pfeffer aus der Mühle
2 EL **Petersilie,** *fein geschnitten*

RISINABOHNEN
100 g **Risinabohnen**
2 EL **Olivenöl**
1 **Schalotte,** *fein geschnitten*
1 **Knoblauchzehe,** *fein gehackt*
500 ml **Wasser**
Pfeffer aus der Mühle
Salz

WEITERES
50 g **gedünstete Peperoniwürfel**

MITTLERE NÄHRWERTE PRO PORTION
kcal 279 (kJ 1168)
Ballaststoffe 5 g
E 15 g **F** 18 g **KH** 14 g

Oktopus

- Den Oktopus putzen, waschen, im Salzwasser mit Zwiebel, Petersilienstängeln und Lorbeer etwa **1½ Stunden** auf kleiner Flamme kochen lassen. Herausnehmen, etwas auskühlen lassen, von den gröbsten Noppen und Häuten befreien und in 3 cm große Stücke schneiden.
- Den Oktopus mit Zitronensaft, Olivenöl, Salz, Peperoncino, Knoblauch, Pfeffer und Petersilie marinieren.

Risinabohnen

- Risinabohnen in kaltem Wasser **1 Stunde** einweichen.
- In einem Kochtopf Olivenöl erwärmen, Schalotten und Knoblauch darin dünsten, die eingeweichten Risinabohnen dazugeben, mit Wasser aufgießen und etwa **25 Minuten** weich dünsten. Pfeffern und salzen.

Fertigstellung

- Risinabohnen und gedünstete Peperoni auf Löffel verteilen, den Oktopus daraufsetzen und servieren.

TIPPS

- Den Oktopus können Sie auch mit einer Cocktailsauce verfeinern.
- Anstelle von Risinabohnen eignen sich auch Borlotti-, Cannellini- oder grüne Bohnen.

VARIATIONEN

- ***Hummer aglio olio auf Risinabohnen:*** Statt Oktopus können Sie gekochte Hummerstücke verwenden.
- ***Garnelen aglio olio auf Risinabohnen:*** Ersetzen Sie den Oktopus durch gekochte Garnelenstücke.
- ***Miesmuscheln aglio olio auf Risinabohnen:*** Verwenden Sie gegarte Miesmuscheln anstelle des Oktopus.

Aioli-Ravioli mit Safran und Garnelen

Für 4 Portionen, 12 Stück

AIOLI-RAVIOLI
- 1 **Knoblauchzehe,** *fein gehackt*
- 1 EL **Butter**
- 150 g **gekochte Kartoffeln**
- 50 ml **Kochwasser der Kartoffeln**
- 1 TL **Petersilie,** *fein geschnitten*
- 1 Pkg. **Safran**
- 3 EL **Olivenöl**
- 2 **Eigelb**
- **Salz**
- **Pfeffer** *aus der Mühle*
- 150 g **Eiernudelteig** *(siehe Seite 94)*

GEMÜSEBUTTER
- 100 ml **Gemüsebrühe**
- 100 g **Gemüse** *(gelbe Karotte, Sellerieknolle und gelbe Rohne), in Würfel geschnitten*
- **Salz**
- 1 TL **Petersilie,** *fein geschnitten*
- 50 g **kalte Butter**

WEITERES
- 12 **gebratene Garnelenschwänze**
- 12 **Austernkresseblätter** *zum Garnieren*

Aioli-Ravioli

- Den Knoblauch in Butter andünsten und vom Herd nehmen.
- Die Kartoffeln passieren und mit dem Kartoffelkochwasser, Petersilie und Safran zum Knoblauch geben. Gut vermischen.
- Eigelb zufügen und Olivenöl langsam einrühren, mit Salz und Pfeffer würzen und erkalten lassen.
- Den Eiernudelteig mit der Nudelmaschine dünn ausrollen, Aioli-Füllung im Abstand von 4 cm auf ein Nudelblatt geben, ein zweites Blatt darüberlegen, Ränder fest andrücken und runde Ravioli (3 cm Ø) ausstechen.
- Die Ravioli in Salzwasser etwa **3 Minuten** kochen.

Gemüsebutter

- Die Gemüsebrühe erhitzen und die Gemüsewürfel darin etwa **6 Minuten** garen, mit Salz und Petersilie würzen und mit kalter Butter binden.

Fertigstellung

- Die gekochten Ravioli zusammen mit den gebratenen Garnelenschwänzen anrichten, mit Gemüsebutter übergießen und mit Austernkresse servieren.

TIPPS

- Anstelle der Garnelen können Sie Scampi, Jakobsmuscheln, Miesmuscheln oder Hummer verwenden.
- Sie können die Ravioli auch mit Butter und Parmesan servieren.
- Statt Eiernudelteig eignet sich auch ein Kartoffelteig (siehe Seite 152).

MITTLERE NÄHRWERTE PRO PORTION
kcal 396 (kJ 1658)
Ballaststoffe 2 g
E 17 g **F** 26 g **KH** 24 g

Kartoffelrösti mit Kaviar und Sauerrahm

Für 4 Portionen, 12 Stück

ZUTATEN
400 g ***festkochende Kartoffeln***
Salz
4 EL ***Öl zum Braten***

WEITERES
100 g ***Sauerrahm***
12 ***Blutsauerampferblätter*** *oder Rucola*
12 TL ***Kaviar***

Zubereitung

- Die Kartoffeln schälen, grob raspeln oder in feine Streifen schneiden. Mit Salz würzen.
- In einer Pfanne Öl erhitzen, einen Metallring in die Pfanne legen, die Kartoffeln in den Ring geben und festdrücken. Den Ring entfernen, die Hitze etwas reduzieren und auf einer Seite etwa **3 Minuten** goldbraun rösten.
- Die Kartoffeln mit einer Palette wenden und auf der anderen Seite etwa **2 Minuten** goldbraun rösten lassen.

Fertigstellung

- Die Kartoffelrösti mit etwas Sauerrahm, Blutsauerampfer und Kaviar anrichten und servieren.

TIPPS

- Rösti sollten immer in genügend Öl gebacken werden.
- Verwenden Sie zum Braten der Kartoffelrösti eine Eisenpfanne oder eine beschichtete Pfanne.
- Sie können die Rösti auch portionsweise in einer kleinen Rösti-Pfanne braten.
- Geben Sie zur Abwechslung rohe Zucchini oder Kürbisstreifen unter die Kartoffeln.
- Anstelle von Kaviar können Sie Lachskaviar, Räucherlachs oder Lachstatar verwenden.

MITTLERE NÄHRWERTE PRO PORTION
kcal 205 (kJ 858)
Ballaststoffe 2 g
E 7 g **F** 13 g **KH** 16 g

FLEISCH UND GEFLÜGEL

Rindstatar auf Kartoffelpüree

Für 4 Portionen, 12 Stück

KARTOFFELPÜREE
- 400 g ***mehlige Kartoffeln***
- 50 g ***kalte Butter***
- 1 Msp. ***Muskatnuss***
- ***Salz***
- 200 ml ***heiße Milch***

RINDSTATAR
- 250 g ***Rindsfilet*** *oder Spitzrose*
- ½ TL ***Salzkapern,*** *gehackt*
- 1 TL ***Essiggurken,*** *gehackt*
- 1 TL ***Petersilie,*** *fein geschnitten*
- 1 ***Sardellenfilet*** *in Öl, gehackt*
- 1 TL ***Zwiebeln,*** *fein geschnitten*
- ½ TL ***Senf***
- ½ TL ***Zitronensaft***
- ½ ***Knoblauchzehe,*** *fein gehackt*
- 1 ***Eigelb***
- ***Salz***
- ***Pfeffer*** *aus der Mühle*

WEITERES
- 30 g ***Schalottenringe*** *zum Garnieren*
- ***Majoran*** *zum Garnieren*
- 1 EL ***geröstete Brotwürfel*** *zum Garnieren*

MITTLERE NÄHRWERTE PRO PORTION
kcal 306 (kJ 1281)
Ballaststoffe 2,5 g
E 19 g **F** 17 g **KH** 20 g

Kartoffelpüree
- Die Kartoffeln waschen, schälen und in große Würfel schneiden.
- In Salzwasser etwa **20 Minuten** kochen und abseihen.
- Noch heiß durch die Handpassiermaschine (Flotte Lotte) drehen.
- Die Butter einrühren, mit Salz und geriebener Muskatnuss würzen.
- Die heiße Milch nach und nach unterrühren, bis das Püree flaumig ist.

Rindstatar
- Das Rindsfilet von den Sehnen befreien und sehr fein würfeln oder faschieren.
- Mit Kapern, Essiggurken, Petersilie, Sardellenfilets, Zwiebeln, Senf, Zitronensaft, Knoblauch, Eigelb, Salz und Pfeffer vermischen.

Fertigstellung
- Das Kartoffelpüree auf Schälchen verteilen.
- Das Rindstatar zu kleinen Kugeln formen und auf das Püree setzen. Mit Schalottenringen, Majoran und gerösteten Brotwürfeln garnieren und servieren.

TIPPS
- Lassen Sie sich das Rindsfilet vom Metzger durch die mittlere Scheibe des Fleischwolfs drehen.
- Wenn Sie das Tatar nicht sofort verzehren, verwenden Sie pasteurisiertes Eigelb. Pasteurisiertes Eigelb gibt es im Supermarkt, im Kühlregal.
- Statt Rindfleisch können Sie Reh- oder Kalbfleisch verwenden.
- Beim Kartoffelpüree können Sie die Milch durch Sahne ersetzen.

Spargelspitzen mit Rindscarpaccio und Schnittlauch

Für 4 Portionen, 12 Stück

SPARGELSPITZEN
- 12 ***grüne Spargelstangen***
- ***Salz***
- ***Pfeffer*** *aus der Mühle*
- 4 EL ***Olivenöl***
- 1 EL ***Zitronensaft***

RINDSCARPACCIO
- 200 g ***Rindsfilet***
- ***Salz***
- ***Pfeffer*** *aus der Mühle*

WEITERES
- 4 EL ***Schnittlauch,*** *fein geschnitten*

Spargelspitzen

- Vom grünen Spargel die harten Enden wegschneiden, die Stangen schälen und in Salzwasser etwa **8 Minuten** kochen.
- Den Spargel aus dem Wasser nehmen und mit Salz, Pfeffer, Olivenöl und Zitronensaft marinieren.

Rindscarpaccio

- Das Rindsfilet von Haut und Sehnen befreien.
- In dünne Scheiben schneiden, zwischen zwei Klarsichtfolien legen und mit dem Schnitzelklopfer dünn klopfen.

Fertigstellung

- Den marinierten Spargel mit den Carpaccioscheiben umwickeln, salzen, pfeffern und das Spargelende in fein geschnittenem Schnittlauch wälzen.

TIPPS

- Sie können das Rindsfilet auch gut in Klarsichtfolie wickeln und **2–3 Stunden** im Tiefkühlfach anfrieren lassen. Aus der Folie nehmen und mit der Aufschnittmaschine oder einem Messer in hauchdünne Scheiben schneiden.
- Sie können zum Spargel auch eine Bozner Sauce, Remouladensauce (siehe Seite 92) oder Krensauce servieren.
- Weiters können Sie den Spargel auch mit Südtiroler Speck oder Rohschinken umwickeln.
- Statt Rindsfilet können Sie Kalbsfilet oder Carne salada verwenden.

MITTLERE NÄHRWERTE PRO PORTION
kcal 142 (kJ 595)
Ballaststoffe 1 g
E 12 g **F** 10 g **KH** 1 g

Kürbisspieß in Honigbutter mit Bauernspeck

Für 4 Portionen, 12 Stück

ZUTATEN

- *400 g* ***Speisekürbis***
- *2 EL* ***Butter***
- *1 EL* ***Weißwein***
- *1 EL* ***Honig***
- ***Pfeffer*** *aus der Mühle*
- ***Salz***

WEITERES

- *1 EL* ***Kürbiskerne,*** *grob gehackt*
- *12* ***Südtiroler Bauernspeckscheiben,*** *aufgerollt*
- *1 EL* ***Schnittlauch,*** *fein geschnitten*

Zubereitung

- Den Speisekürbis schälen und in gleichmäßige, etwa 1,5 cm große Würfel schneiden. Je drei Würfel auf einen Holzspieß stecken.
- Die Butter in einer Pfanne schmelzen lassen, die Kürbisspießchen einlegen und etwa **4 Minuten** braten.
- Weißwein und Honig dazugeben, pfeffern, salzen und etwas ziehen lassen.
- Die Kürbisspießchen auf Tellerchen legen und mit etwas Honigbutter übergießen.
- Mit den gehackten Kürbiskernen bestreuen, mit Bauernspeckröllchen belegen und mit Schnittlauch garniert servieren.

TIPPS

- Servieren Sie diesen Kürbisspieß lauwarm zu gekochter Kalbszunge.
- Sie können den Kürbis auch durch Topinambur ersetzen.
- Anstelle des Bauernspecks können Sie Rohschinken oder Bresaola verwenden.

MITTLERE NÄHRWERTE PRO PORTION

kcal 324 (kJ 1357)
Ballaststoffe 2,5 g
E 5 g **F** 30 g **KH** 8 g

Wassermelone mit Rohschinken und Minze

Für 4 Portionen, 12 Stück

ZUTATEN

400 g **Wassermelone**
1 EL **Süßweinessig** *oder Apfelessig*
6 **Rohschinkenscheiben**
schwarzer Pfeffer *aus der Mühle, grob gemahlen*
12 **Pfefferminzeblätter** *zum Garnieren*

Zubereitung

- Die Wassermelone in zwölf etwa 4 cm große Würfel schneiden.
- Die Melonenwürfel in einer heißen Pfanne oder auf dem Grill auf allen Seiten etwa **2 Minuten** braten. Mit Süßweinessig ablöschen.
- Die Wassermelonenwürfel mit einer halben Rohschinkenscheibe umwickeln, mit schwarzem Pfeffer würzen und mit Pfefferminze garnieren.

TIPPS

- Sie können die Wassermelone auch roh verwenden.
- Anstelle der Wassermelone können Sie Honigmelone, Ananas oder reife Birnen verwenden.
- Dazu passen Grissini oder frisches, knuspriges Weißbrot.
- Auch Südtiroler Speck, Culatello oder Prager Schinken passen zur Melone.

MITTLERE NÄHRWERTE PRO PORTION
kcal 94 (kJ 394)
Ballaststoffe 0,5 g
E 8 g **F** 3 g **KH** 8 g

Gebackene Hühnerbrustwürfel auf Peperonisauce süßsauer

Für 4 Portionen, 12 Löffel

PEPERONISAUCE SÜSSSAUER
- 500 g **rote Peperoni**
- 120 g **Schalotten** oder Zwiebeln
- 1 **Knoblauchzehe,** fein gehackt
- 120 ml **Wasser**
- 250 g **Gelierzucker** (1:1)
- 80 ml **weißer Balsamicoessig**
- 10 g **Ingwer,** fein gerieben
- ½ TL **Chilipulver** oder 2 frische Chilischoten, fein geschnitten

HÜHNERBRUSTWÜRFEL
- 400 g **Hühnerbrust**
- **Salz**
- 12 **kleine Salbeiblätter**
- 12 **kleine Rohschinkenscheiben**
- 2 EL **Olivenöl**

Peperonisauce süßsauer

- Die Peperoni mit einem Sparschäler schälen, halbieren, die Kerne entfernen und in kleine Würfel schneiden.
- Die Schalotten schälen und ebenfalls in kleine Würfel schneiden.
- Knoblauch, Wasser, Gelierzucker, weißen Balsamicoessig, Ingwer und Chilipulver dazugeben und etwa **20 Minuten** dünsten, bis die Sauce eine marmeladeartige Konsistenz hat.
- Die Peperoni kurz mit dem Pürierstab aufmixen.

Hühnerbrustwürfel

- Hühnerbrust in etwa 2 x 2 cm große Würfel schneiden, salzen und mit Salbei und Rohschinken umwickeln.
- Hühnerbrust in Olivenöl etwa **3 Minuten** braten.

Fertigstellung

- Die Peperonisauce süßsauer auf Löffel anrichten, die gebratenen Hühnerbrustwürfel daraufsetzen und servieren.

TIPPS

- Die Peperonisauce süßsauer können Sie in sterile Weckgläser füllen und sofort luftdicht verschließen.
- Man kann zur Geschmacksverfeinerung noch 20 g getrocknete, fein gewürfelte Tomaten dazugeben.
- Servieren Sie die Peperonisauce süßsauer zu gebratenen Garnelen, Frühlingsrollen oder Käse.
- Anstelle der Hühnerbrust können Sie Truthahnbrust oder Schweinsfilet verwenden.

MITTLERE NÄHRWERTE PRO PORTION
kcal 518 (kJ 2169)
Ballaststoffe 5 g
E 30 g **F** 13 g **KH** 69 g

Polenta mit Schweinswürstchen

Für 4 Portionen, 12 Stück

POLENTA
- 250 ml ***Wasser***
- 250 ml ***Milch***
- ***Salz***
- 2 EL ***Olivenöl***
- 125 g ***gelbes Polentamehl,*** *mittelfein*
- 2 EL ***kalte Butter***

WEITERES
- 50 g ***Butter*** *zum Braten*
- 4 ***Schweinswürstchen*** *(salsicce)*
- 12 ***kleine Salbeiblätter***

Polenta

- Wasser und Milch in einem hohen Topf zum Kochen bringen, salzen und Öl hinzufügen.
- Das Polentamehl langsam mit einem Schneebesen einrühren, um die Klumpenbildung zu vermeiden. Weiterrühren, bis die Polenta fest ist.
- Anschließend bei niedriger Hitze etwa **20 Minuten** kochen lassen, bis sich die Polenta vom Topfboden löst. Dabei immer wieder mit einem Holzlöffel umrühren.
- Zum Schluss mit kalter Butter verfeinern.

Fertigstellung

- Die Butter schmelzen und die Schweinswürstchen darin etwa **15 Minuten** braten. Salbeiblätter kurz mitbraten.
- Die Schweinswürstchen dritteln, mit Polenta anrichten und mit dem gebratenen Salbei garnieren.

TIPPS

- Sie können die gebratenen Schweinswürstchen auch mit Rosmarinpolenta servieren.
- Anstelle der Schweinswürstchen können Sie Wildwürste verwenden.

VARIATIONEN

- ***Latschenkieferpolenta mit Schweinswürstchen:*** Würzen Sie die Polenta mit fein gemixten jungen Latschenkiefernadeln.
- ***Trüffelpolenta mit Schweinswürstchen:*** Geben Sie zur Polenta fein gehobelten weißen oder schwarzen Trüffel dazu.

MITTLERE NÄHRWERTE PRO PORTION
kcal 417 (kJ 1746)
Ballaststoffe 3 g
E 10 g **F** 31 g **KH** 24 g

Mini-Hamburger im Sesambrötchen

Für 4 Portionen, 12 Stück

MINI-HAMBURGER

- *400 g* ***Rindfleisch***
- *40 g* ***Zwiebeln,*** *in Würfel geschnitten*
- *1* ***Knoblauchzehe,*** *fein geschnitten*
- *1 EL* ***Butter***
- *1 TL* ***Senf***
- *1 EL* ***Petersilie,*** *fein geschnitten*
- *½ TL* ***Majoran,*** *fein geschnitten*
- *1 EL* ***Parmesan,*** *gerieben*
- ***Salz***
- ***Pfeffer*** *aus der Mühle*
- *50 ml* ***Öl*** *zum Anbraten*

WEITERES

- *12* ***kleine Sesambrötchen***
- *2 EL* ***Senf***
- *12* ***Salatblätter***
- *12* ***Tomatenscheiben*** *von sehr kleinen Tomaten*
- *60 g* ***Mayonnaise*** *(siehe Seite 72)*
- *½ EL* ***Paprikapulver***
- *12* ***kleine gebratene Speckscheiben***
- *12* ***Zwiebelringe***

Mini-Hamburger

- Das Rindfleisch faschieren oder vom Metzger faschieren lassen.
- Zwiebel- und Knoblauchwürfel in Butter glasig dünsten und auskühlen lassen.
- Faschiertes Fleisch, Zwiebeln, Knoblauch, Senf, Petersilie, Majoran, Parmesan, Salz und Pfeffer gut vermengen.
- Mit nassen Händen aus der Masse zwölf kleine Kugeln, dann Laibchen formen.
- Öl in einer flachen, beschichteten Pfanne erhitzen, die Hamburger einlegen und auf beiden Seiten jeweils etwa **5 Minuten** braten.

Fertigstellung

- Die Sesambrötchen halbieren, mit Senf bestreichen und mit Salatblättern und Tomatenscheiben belegen.
- Mayonnaise und Paprikapulver vermischen.
- Mini-Hamburger, Paprika-Mayonnaise, Speckscheiben und Zwiebelringe auf die untere Brötchenhälfte legen.
- Mit der zweiten Sesambrötchenhälfte abdecken, Spießchen hineinstecken und servieren.

TIPPS

- Sollte die Fleischmasse zu trocken sein, etwas Sahne hinzufügen.
- Das Faschierte darf nicht zu lange geknetet werden, da es sonst hart und zäh wird.
- Anstelle von Sesambrötchen können Sie Minisemmeln verwenden.

MITTLERE NÄHRWERTE PRO PORTION

kcal 919 (kJ 3848)
Ballaststoffe 4,5 g
E 37 g **F** 53 g **KH** 73 g

Kalbsschulter-Gemüsesülze mit Rettichsalat

Für 4 Portionen, 12 Stück

KALBSSCHULTER-GEMÜSESÜLZE
- *300 g* ***gekochte Kalbsschulter*** *oder Rindstafelspitz (siehe Seite 144)*
- *200 g* ***Stangensellerie, Karotten*** *und* ***Petersilienwurzeln,*** *in kleine Würfel geschnitten*
- *500 ml* ***Fleischsuppe***
- *6 Blatt* ***Gelatine***
- *2 TL* ***Weißweinessig***
- ***Salz***
- ***Pfeffer*** *aus der Mühle*

RETTICHSALAT
- *1* ***weißer Rettich*** *(etwa 500 g)*
- *2 EL* ***Weißweinessig***
- *3 EL* ***Öl***
- ***Salz***
- ***weißer Pfeffer*** *aus der Mühle*

WEITERES
- *12* ***Blutsauerampfer*** *zum Garnieren*
- ***Schnittlauch,*** *fein geschnitten*

Kalbsschulter-Gemüsesülze

- Die gekochte Kalbsschulter in gleich große Würfelchen schneiden.
- Das Gemüse in Salzwasser etwa **2 Minuten** kochen, im kalten Wasser abkühlen und abtropfen lassen.
- Die Gelatine in reichlich kaltem Wasser etwa **15 Minuten** einweichen.
- Die Fleischsuppe leicht erwärmen.
- Die Gelatineblätter ausdrücken, in der Suppe auflösen und mit Weißweinessig, Salz und Pfeffer abschmecken.
- Die Fleisch- und Gemüsewürfel in passende Halbkugelformen füllen und die Fleischsuppe darübergießen.
- Die Sülze mindestens **2 Stunden** kühl stellen.

Rettichsalat

- Den Rettich schälen und mit einem Gemüsehobel fein raspeln oder in Streifen schneiden.
- Mit Weißweinessig, Öl, Salz und Pfeffer abschmecken.

Fertigstellung

- Die Formen kurz ins heiße Wasser tauchen und die Sülze stürzen.
- Den Rettichsalat zu Nocken formen und auf die Sülze legen, mit Blutsauerampfer und Schnittlauch garnieren und servieren.

TIPPS

- Beträufeln Sie die Kalbsschulter-Gemüsesülze mit Kräuteröl (siehe Foto).
- Sie können die Kalbsschulter-Gemüsesülze mit Rotweindressing servieren.
- Wenn gerade Saison ist, können Sie zur Sülze Steinpilze oder Pfifferlinge zufügen.
- Statt Rettichsalat servieren Sie weiße Rüben, Knödelsalat oder gemischte Blattsalate.
- Achten Sie darauf, dass die Kalbsschulter-Gemüsesülze nicht zu kalt serviert wird.

MITTLERE NÄHRWERTE PRO PORTION
kcal 175 (kJ 733)
Ballaststoffe 5 g
E 20 g **F** 8 g **KH** 5 g

Rehfilet mit Kaffeearoma auf Sellerie

Für 4 Portionen, 12 Stück

ZUBEREITUNG

400 g ***Rehfilet***
Salz
2 EL ***Öl*** *zum Anbraten*
1 Msp. ***Orangenschale,*** *fein gerieben*
1 Msp. ***Zitronenschale,*** *fein gerieben*
5 g ***Kaffeebohnen,*** *fein gemahlen*
15 g ***Mohn,*** *fein gemahlen*
2 g ***Kümmel,*** *fein gehackt und geröstet*
2 ***Wacholderbeeren,*** *fein gehackt*
1 TL ***Thymian,*** *fein geschnitten*
Pfeffer *aus der Mühle*

WEITERES

12 ***gekochte Knollenselleriescheiben***
2 EL ***Preiselbeermarmelade***
12 ***Schafgarbenblüten*** *zum Garnieren*
12 ***Kerbelblätter*** *zum Garnieren*

MITTLERE NÄHRWERTE PRO PORTION
kcal 200 (kJ 837)
Ballaststoffe 4 g
E 24 g **F** 10 g **KH** 5 g

Zubereitung

- Das Rehfilet von den Sehnen befreien und mit Salz würzen.
- Das Öl in einer Pfanne erhitzen, Filets rundum etwa **3 Minuten** braten und **5 Minuten** am Herdrand oder im Hold-o-mat nachziehen lassen.
- Geriebene Orangen- und Zitronenschale sowie Kaffeepulver, Mohn, Kümmel, Wacholderbeeren, Thymian und Pfeffer vermischen.
- Das Filet in der Würzmischung wälzen und in Scheiben schneiden.

Fertigstellung

- Die Sellerieschen in Schälchen legen und die Rehfilets daraufsetzen.
- Mit Preiselbeermarmelade, Schafgarbenblüten und Kerbel garnieren und servieren.

TIPPS

- Sie können das Rehfilet auch mit Serviettenknödeln, Kartoffelstrudel, Blaukraut, Broccoli oder Sprossenkohl (Rosenkohl) servieren.
- Sie können anstelle des Rehfilets auch ein Steinbockrückenfilet oder -nüsschen verwenden.
- Das Filet sollte innen immer rosa sein, ansonsten ist es trocken.

VARIATIONEN

- ***Wildhasenfilet mit Kaffeearoma auf Sellerie:*** Statt Rehfilet verwenden Sie Wildhasenfilet.
- ***Gamsfilet mit Kaffeearoma auf Sellerie:*** Ersetzen Sie das Rehfilet durch Gamsfilet.

REGIONAL UND BODENSTÄNDIG

Mini-Schüttelbrot mit Schnittlauchtopfen und Kaminwurzen

Für 4 Portionen, 12 Stück

MINI-SCHÜTTELBROT (*etwa 50 Stück*)
- *15 g* **Hefe**
- *150 ml* **Wasser**
- *150 ml* **Malzbier**
- *300 g* **Roggenmehl**
- *150 g* **Weizenmehl**
- *1 EL* **Kümmel**
- *1 EL* **Fenchelsamen**
- *1 TL* **Brotklee**
- *8 g* **Salz**

SCHNITTLAUCHTOPFEN
- *100 g* **Topfen** *(Quark)*
- *1 Msp.* **Kümmel,** *fein gehackt*
- *2 EL* **Schnittlauch,** *fein geschnitten*
- **Salz**
- **Pfeffer** *aus der Mühle*

WEITERES
- *12* **Kaminwurzscheiben**
- **Schnittlauchhalme** *zum Garnieren*

Mini-Schüttelbrot

- Die Hefe mit lauwarmem Wasser und Malzbier verrühren, etwa **10 Minuten** bei maximal **35 Grad** aufgehen lassen.
- In einer Schüssel Roggenmehl und Weizenmehl, Kümmel, Fenchelsamen, Brotklee und Salz vermischen.
- Das Hefegemisch dazugeben und alles zusammen zu einem Teig verkneten.
- Den Teig zugedeckt **10 Minuten** bei **35 Grad** aufgehen lassen.
- Den Teig auf eine bemehlte Arbeitsfläche geben, etwa 5 mm dick ausrollen und 5 cm große Kreise ausstechen.
- Auf ein Backblech legen und etwa **10 Minuten** aufgehen lassen. Anschließend im vorgeheizten Backofen bei **170 Grad** Umluft etwa **12 Minuten** backen.

Schnittlauchtopfen

- Den Topfen mit Kümmel und Schnittlauch verrühren und mit Salz und Pfeffer würzen.

Fertigstellung

- Den Schnittlauchtopfen mit einem Löffel auf die Mini-Schüttelbrote geben.
- Mit Kaminwurzscheiben und Schnittlauchhalmen garnieren und servieren.

TIPPS

- Statt Mini-Schüttelbrote können Sie Baguettescheiben verwenden.
- Sie können die Mini-Schüttelbrote mit Gorgonzola, Camembert oder Bergkäse servieren.
- Ersetzen Sie den Schnittlauchtopfen durch frische Tomatenwürfel.
- Servieren Sie die Mini-Schüttelbrote mit Räucherlachs oder geräuchertem Hirschschinken.

MITTLERE NÄHRWERTE PRO PORTION
kcal 463 (kJ 1940)
Ballaststoffe 8 g
E 19 g **F** 7 g **KH** 77 g

Rindstafelspitz mit Rohnen und Weißbrotchips

Für 4 Portionen, 12 Löffel

RINDSTAFELSPITZ
- 1 **Zwiebel**
- 500 g **Rindstafelspitz** *oder Kalbsschulter*
- ½ **Lorbeerblatt**
- 1 **Petersilienstängel**
- **Pfefferkörner**, *zerdrückt*
- **Salz**
- 1 **Karotte**
- 80 g **Lauch**
- 50 g **Stangensellerie**
- ½ **Tomate**

MARINADE
- 40 ml **Sonnenblumenöl**
- 2 EL **Weißweinessig**
- **Salz**
- **Pfeffer** *aus der Mühle*
- 2 EL **Kresse**

WEITERES
- 12 **gekochte Rohnenspalten**
- 2 EL **Kressemayonnaise** *(100 g Mayonnaise, siehe Seite 72, mit 3 EL Gartenkresse gemixt)*
- 2 EL **Rohnensprossen** *zum Garnieren*
- 12 **getrocknete Weißbrotscheiben** *zum Garnieren*

Rindstafelspitz

- Die Zwiebel, schälen, halbieren und auf einer Herdplatte bräunen.
- In einem Topf Wasser zum Kochen bringen, Fleisch, Lorbeerblatt, Petersilienstängel, Pfefferkörner, Zwiebelhälften und Salz dazugeben.
- Das Fleisch etwa **1 Stunde** köcheln lassen. Karotte, Lauch, Sellerie und Tomate in große Würfel schneiden, zum Fleisch geben und **1 weitere Stunde** köcheln lassen, bis das Fleisch weich ist.

Marinade

- Sonnenblumenöl, Weißweinessig, Salz, Pfeffer und Kresse gut verrühren.

Fertigstellung

- Den gekochten Tafelspitz erst in 5 mm dicke Scheiben und dann in 3 cm große Quadrate schneiden.
- Das Fleisch und die Rohnenspalten mit der Marinade marinieren.
- Tafelspitzstücke und Rohnenspalten mit etwas Marinade auf Löffeln anrichten, mit Kressemayonnaise, Rohnensprossen und getrockneten Weißbrotscheiben garnieren und servieren.

TIPPS

- Wenn gerade Saison ist, können Sie zum Tafelspitz auch einen Steinpilz- oder Pfifferlingsalat servieren.
- Sie können auch Weiße-Rüben-Salat, Knödelsalat oder gemischten Blattsalat verwenden.
- Wichtig ist, dass der Tafelspitz schön saftig ist und nicht verkocht und trocken.
- Statt Tafelspitz können Sie auch Schulternahtl verwenden.

MITTLERE NÄHRWERTE PRO PORTION
kcal 402 (kJ 1683)
Ballaststoffe 2 g
E 30 g **F** 22 g **KH** 21 g

Roggenteigkrapfen mit Topfenfüllung und Schafgarbe

Für 8 Portionen, 24 Krapfen

TEIG

- 250 g **Roggenmehl**
- 100 g **Weizenmehl**
- 100 g **gekochte Kartoffeln,** *passiert*
- 2 EL **zerlassene Butter** *oder Öl*
- 1 **Ei**
- 80 ml **lauwarme Milch**
- 1 **Prise Salz**

TOPFENFÜLLUNG

- 50 g **Zwiebeln**
- 50 g **Butter**
- 200 g **Topfen** *(Quark) oder Ricotta*
- 200 g **gekochte Kartoffeln,** *geraspelt*
- 1 EL **Schafgarbenblätter** *oder Schnittlauch, fein geschnitten*
- **Salz**
- **Pfeffer** *aus der Mühle*

WEITERES

- **Backfett**
- **Schafgarbenblätter** *und* **-blüten** *zum Garnieren*

Teig

- Roggen- und Weizenmehl vermischen, mit Kartoffeln, Butter, Ei, lauwarmer Milch und Salz zu einem glatten Teig verkneten.
- Den Teig in Klarsichtfolie wickeln und **30 Minuten** ruhen lassen.

Topfenfüllung

- Die Zwiebel schälen, in kleine Würfel schneiden und in Butter dünsten.
- Topfen, Kartoffeln und fein geschnittene Schafgarbenblätter dazugeben, alles gut vermischen und mit Salz und Pfeffer würzen.

Fertigstellung

- Den Teig dünn ausrollen und in 6 cm lange und 3 cm breite Teigblätter schneiden.
- Die Füllung auf die Teigblätter geben, mit einem zweiten Teigblatt abdecken, gut verschließen, eventuell die Ränder mit dem Teigrad abschneiden.
- Das Backfett erhitzen, die Krapfen schwimmend bei **190 Grad** etwa **3 Minuten** backen, herausnehmen und auf Küchenkrepp abtropfen lassen.
- Mit Schafgarbenblättern und -blüten garniert servieren.

TIPPS

- Anstelle der Topfenfüllung können Sie eine Spinatfüllung (siehe Seite 152) verwenden.
- Sie können die Krapfen auch mit Graukäse oder Roquefort füllen.
- Als Füllung können Sie auch geriebene Äpfel, Preiselbeeren und geriebenen Ingwer verwenden.

MITTLERE NÄHRWERTE PRO PORTION
kcal 370 (kJ 1549)
Ballaststoffe 4 g
E 9 g **F** 20 g **KH** 37 g

Bratkartoffeln mit Lardo

Für 4 Portionen, 12 Stück

ZUTATEN

- 12 ***kleine Kartoffeln,*** *vorwiegend festkochend*
- 2 EL ***Öl***
- ***Salz***
- ***Pfeffer*** *aus der Mühle*
- 1 EL ***Butter***

WEITERES

- 12 ***dünne Lardoscheiben***
- 12 ***Rosmarinzweige*** *zum Garnieren*

Zubereitung

- Die Kartoffeln gut waschen, in kochendes Salzwasser geben und etwa **20 Minuten** kochen lassen.
- Die gekochten Kartoffeln halbieren.
- Das Öl in einer Pfanne erhitzen, die Kartoffeln dazugeben, salzen, pfeffern und etwa **5 Minuten** knusprig braten.
- Die gebratenen Kartoffeln mit etwas Butter fertig braten, mit Lardoscheiben auf Schälchen verteilen und mit Rosmarin garniert servieren.

TIPPS

- Die Bratkartoffeln können mit einem Holzspießchen auf einer Platte mit Spitzenpapier serviert werden.
- Statt Lardo können Sie Südtiroler Speck, Rohschinken oder Bresaola verwenden.

VARIATIONEN

- ***Pastinaken mit Lardo:*** Anstelle der Kartoffeln verwenden Sie Pastinaken.
- ***Petersilienwurzeln mit Lardo:*** Ersetzen Sie die Kartoffeln durch Petersilienwurzeln.
- ***Süßkartoffeln mit Lardo:*** Statt Kartoffeln verwenden Sie Süßkartoffeln.

MITTLERE NÄHRWERTE PRO PORTION

kcal 359 (kJ 1503)
Ballaststoffe 2 g
E 5 g **F** 31 g **KH** 15 g

Topfentirtlen

Für 4 Portionen, 12 Stück

TEIG
- 120 g **Roggenmehl**
- 140 g **Weizenmehl**
- 2 EL **Sahne**
- 1 **Ei**
- 50 ml **lauwarme Milch**
- 1 Prise **Salz**

FÜLLUNG
- 50 g **Zwiebeln**
- 50 g **Butter**
- 300 g **Topfen** *(Quark) oder Ricotta*
- 1 EL **Schnittlauch**, *fein geschnitten*
- **Salz**
- **Pfeffer** *aus der Mühle*

WEITERES
- **Backfett**

Teig

- Roggen- und Weizenmehl vermischen und mit Sahne, Ei, lauwarmer Milch und Salz zu einem glatten Teig verkneten.
- Den Teig in Klarsichtfolie wickeln und etwa **30 Minuten** ruhen lassen.

Füllung

- Die Zwiebeln schälen, in kleine Würfel schneiden und in Butter dünsten. Topfen und fein geschnittenen Schnittlauch dazugeben, alles gut vermischen und mit Salz und Pfeffer würzen.

Fertigstellung

- Den Teig zu einer Rolle formen, in 24 gleich große Stücke schneiden und mit dem Nudelholz Kreise ausrollen (10 cm Ø) bzw. den Teig mit der Nudelmaschine dünn ausrollen und 24 Kreise (10 cm Ø) ausstechen.
- Die Topfenfüllung gleichmäßig auf zwölf Kreise auftragen, dabei die Teigränder etwa 1 cm freilassen und leicht mit Wasser bestreichen.
- Ein gleich großes Teigblatt darauflegen, die Ränder fest zusammendrücken und eventuell noch einmal mit einem Ausstecher in Form bringen.
- Die Tirtlen in Backfett schwimmend bei **190 Grad** etwa **3 Minuten** backen, auf Küchenkrepp abtropfen lassen und servieren.

VARIATIONEN

- ***Spinattirtlen:*** Ersetzen Sie die Topfenfüllung mit dieser Spinatfüllung: 50 g Zwiebeln schälen, in kleine Würfel schneiden und in 50 g Butter dünsten. 300 g gekochten und fein gehackten Spinat dazugeben, alles gut vermischen und mit Salz und Pfeffer würzen.
- ***Brennnesseltirtlen:*** Statt Spinat verwenden Sie Brennnesseln und zusätzlich 50 g gekochte, passierte Kartoffeln.

MITTLERE NÄHRWERTE PRO PORTION
kcal 528 (kJ 2211)
Ballaststoffe 4,5 g
E 19 g **F** 29 g **KH** 47 g

Kartoffel-Spinatkrapfen

Für 4 Portionen, 12 Stück

SPINATFÜLLUNG
30 g **Zwiebeln**
1 **Knoblauchzehe,** *gehackt*
30 g **Butter**
1 EL **Weizenmehl**
300 g **gekochter Spinat,** *fein gehackt*
1 Msp. **Muskatnuss**
Salz

KARTOFFELTEIG
250 g **mehlige Kartoffeln**
1 **Eigelb**
1 TL **zerlassene Butter**
80 g **Weizenmehl**
1 Msp. **Muskatnuss**
Salz

WEITERES
Backfett

Spinatfüllung

- Die Zwiebeln schälen, in kleine Würfel schneiden und mit Knoblauch in Butter dünsten. Das Weizenmehl dazugeben und leicht mitdünsten.
- Den gekochten und fein gehackten Spinat dazugeben, alles gut vermischen und mit Muskatnuss und Salz würzen.

Kartoffelteig

- Die Kartoffeln schälen, in 2 cm große Würfel schneiden und in wenig Salzwasser etwa **20 Minuten** kochen, abseihen und etwas ausdampfen lassen.
- Die Kartoffeln passieren, mit Eigelb und Butter vermischen und erkalten lassen.
- Weizenmehl, Muskatnuss und Salz zur Kartoffelmasse geben und alles rasch zu einem Teig verkneten.

Fertigstellung

- Den Teig zu einer 4 cm dicken Rolle formen und in zwölf gleich große Stücke schneiden.
- Die Teigstücke mit einem Nudelholz zu spitz zulaufenden Teigblättern ausrollen (etwa 15 x 4 cm).
- Die Füllung mit einem Löffel oder einem Spritzbeutel der Länge nach auf den Teig geben, zusammenklappen und gut andrücken.
- Die Krapfen in Backfett schwimmend bei **190 Grad** etwa **3 Minuten** beidseitig backen, auf Küchenkrepp abtropfen lassen und heiß servieren.

VARIATIONEN

- ***Sauerkrautkrapfen:*** Ersetzen Sie die Spinatfüllung durch gekochtes Sauerkraut.
- ***Graukaskrapfen:*** Statt Spinat nehmen Sie 200 g Graukäse und 100 g Ricotta.

MITTLERE NÄHRWERTE PRO PORTION
kcal 312 (kJ 1306)
Ballaststoffe 4 g
E 6 g **F** 21 g **KH** 25 g

Gebackene Almkäseröllchen

Für 4 Portionen, 12 Stück

ZUTATEN

30 g **Butter**
40 g **Weizenmehl**
250 ml **Milch**
100 g **Almkäse** *(Bergkäse)*
1 **Eigelb**
20 g **Parmesan,** *gerieben*
½ TL **Paprikapulver**
Salz
Pfeffer *aus der Mühle*
150 g **Eiernudelteig** *(siehe Seite 94)*
50 g **Weizenmehl** *zum Panieren*
1 **Ei** *zum Panieren*
100 g **Brotbrösel** *zum Panieren*

WEITERES

Backfett
200 ml **Peperonisauce süßsauer** *(siehe Seite 130)*
2 EL **Gartenkresse** *zum Garnieren*

Zubereitung

- Die Butter schmelzen und das Weizenmehl einrühren. Mit Milch aufgießen und eine dicke Béchamelsauce (etwa **8 Minuten)** kochen.
- Den Käse in kleine Würfel schneiden und zur Béchamelsauce geben. Gut verrühren, bis der Käse geschmolzen ist.
- Eigelb, Parmesan, Paprikapulver, Salz und Pfeffer dazugeben und gut vermischen.
- Den Eiernudelteig dünn ausrollen und in acht rechteckige Blätter (6 x 10 cm) schneiden. In Salzwasser kochen, in kaltem Wasser auskühlen lassen, abtrocknen und auf eine Arbeitsplatte legen. Mit einem Spritzbeutel (große Lochtülle) die noch lauwarme Füllung aufspritzen, den Teig mit der Füllung einrollen und auskühlen lassen.

Fertigstellung

- Die Röllchen in Weizenmehl und Ei wälzen und mit Brotbröseln panieren. In heißem Backfett bei **190 Grad** etwa **3 Minuten** schwimmend backen.
- Mit Peperonisauce süßsauer und Gartenkresse garnieren und servieren.

TIPPS

- Dazu kann man auch eine Gorgonzolasauce servieren.
- Verwenden Sie anstelle des Nudelteiges gebackene Crêpes.
- Sie können die Füllung auch mit frischen Kräutern wie Schnittlauch, Kerbel und Majoran würzen.
- Statt Peperonisauce süßsauer können Sie eine Tomatensauce verwenden.

MITTLERE NÄHRWERTE PRO PORTION
kcal 694 (kJ 2906)
Ballaststoffe 5 g
E 24 g **F** 38 g **KH** 62 g

Schwarzpolenta-Krautknödel

Für 8 Portionen, 24 Stück

ZUTATEN

- *120 g* ***schnittfestes Weißbrot*** *oder Knödelbrot*
- *200 g* ***Spitzkohl*** *oder Weißkohl, in feine Würfel geschnitten*
- *1* ***Knoblauchzehe,*** *fein gehackt*
- *50 g* ***Butter***
- *100 ml* ***Milch***
- *2* ***Eier***
- *1 EL* ***Petersilie,*** *fein geschnitten*
- *100 g* ***grobes Buchweizenmehl*** *(Schwarzpolentamehl)*
- *200 g* ***Bergkäse,*** *in kleine Würfel geschnitten*
- ***Salz***

WEITERES

- ***zerlassene Butter***
- ***Parmesan,*** *fein gerieben*
- *1 EL* ***grob gehobelter Kren*** *zum Garnieren*
- *1 EL* ***Schnittlauch,*** *fein geschnitten*
- *1 EL* ***Distelblüten*** *oder Schnittlauchblüten zum Garnieren*

Zubereitung

- Das Brot in kleine Würfel schneiden.
- Spitzkohl und Knoblauch in Butter dünsten und zum Brot geben.
- Milch, Eier, Petersilie, Buchweizenmehl, Bergkäse und Salz zum Brot geben und alles gut vermengen.
- Die Knödelmasse **30 Minuten** zugedeckt kühl stellen.
- Knödel formen und im kochenden Salzwasser halb zugedeckt etwa **12 Minuten** köcheln lassen.
- Die Knödel auf Löffeln anrichten, mit Butter und Parmesan abschmälzen, mit Kren, Schnittlauch und Distelblüten garniert servieren.

TIPPS

- Servieren Sie die Schwarzpolenta-Krautknödel mit Rübenkraut, Rettichsalat oder auf einer Spinatcreme.
- Statt Weißbrot können Sie auch Schwarzbrot verwenden.
- Anstelle der Distelblüten verwenden Sie Kapuzinerkresse, Salbeiblüten oder Stiefmütterchen.

MITTLERE NÄHRWERTE PRO PORTION

kcal 285 (kJ 1193)
Ballaststoffe 2 g
E 15 g **F** 16,5 g **KH** 18,5 g

Kartoffelblattlen mit Sauerkraut

Für 4 Portionen, 12 Stück

SAUERKRAUT
- 500 g ***Sauerkraut***
- 750 ml ***Wasser***
- 100 g ***Speck*** *(dicke Scheibe)*
- 3 ***Wacholderbeeren***
- 5 ***Pfefferkörner***
- ½ TL ***Kümmel***
- 1 ***Lorbeerblatt***
- ***Salz***
- 50 g ***Butter***
- 100 g ***Zwiebeln,*** *fein geschnitten*
- 2 ***Knoblauchzehen,*** *fein gehackt*
- 1 EL ***Weizenmehl***
- ***Salz***
- ***Pfeffer*** *aus der Mühle*

KARTOFFELTEIG
- 300 g ***Kartoffeln***
- 1 ***Eigelb***
- 1 EL ***zerlassene Butter***
- 100 g ***Weizenmehl***
- 1 Msp. ***Muskatnuss,*** *gerieben*
- ***Salz***

WEITERES
- ***Backfett***
- ***Olivenöl*** *zum Garnieren*
- ***Lorbeerblätter*** *und* ***zerdrückte Wacholderbeeren*** *zum Garnieren*

Sauerkraut

- Falls das Sauerkraut zu sauer schmeckt, sollte man es ausdrücken oder in kaltem Wasser wässern.
- Das Sauerkraut mit Wasser, Speck, Wacholderbeeren, Pfefferkörnern, Kümmel, Lorbeerblatt und Salz zugedeckt etwa **1 Stunde** köcheln lassen.
- Butter in einer Pfanne erhitzen, Zwiebel- und Knoblauchwürfel darin dünsten, mit Weizenmehl bestreuen und eine helle Mehlschwitze herstellen. Die Mehlschwitze unter das Kraut mischen, salzen und pfeffern und nochmals etwa **10 Minuten** kochen lassen.

Kartoffelteig

- Die Kartoffeln schälen, in Würfel schneiden und in Salzwasser etwa **20 Minuten** kochen. Abseihen und etwas ausdampfen lassen.
- Die Kartoffeln passieren, mit Eigelb und zerlassener Butter vermischen und auskühlen lassen.
- Weizenmehl, Muskatnuss und Salz unter die Kartoffelmasse kneten.

Kartoffelblattlen

- Den Teig 4 mm dick ausrollen, mit einem runden Ausstecher ausstechen, dann in heißem Backfett bei **190 Grad** etwa **3 Minuten** schwimmend backen.

Fertigstellung

- Die gebackenen Kartoffelblattlen abwechselnd mit Sauerkraut aufschichten, mit Olivenöl, Lorbeer und Wacholderbeeren garniert servieren.

TIPPS

- Sie können den Teig für die Kartoffelblattlen noch mit ½ Teelöffel Anis würzen.
- Sauerkraut aus der Dose braucht nur etwa **30 Minuten** zum Garen.
- Statt Sauerkraut können Sie gedünstetes Weißkraut oder gedünsteten Lauch verwenden.

MITTLERE NÄHRWERTE PRO PORTION
kcal 479 (kJ 2005)
Ballaststoffe 6 g
E 10 g **F** 33 g **KH** 32 g

Drei Küchenmeister, ein Ziel: Heinrich Gasteiger, Gerhard Wieser und Helmut Bachmann wollen ihren Beitrag dazu leisten, der traditionsreichen Südtiroler Küche ein zeitgemäßes, innovatives und kreatives Gesicht zu geben – und sie mit leicht verständlichen, garantiert gelingenden Rezepten allen zugänglich zu machen, die das Kochen lieben.

Das Ergebnis der Zusammenarbeit des »So kocht Südtirol«-Teams kann sich sehen lassen: Über 1 Million Exemplare von 70 in drei Sprachen erschienenen Kochbüchern haben Gasteiger, Wieser und Bachmann in den letzten eineinhalb Jahrzehnten zu Bestsellerautoren im Alpenraum gemacht. Ein Erfolg, der durch zahlreiche Preise unterstrichen wird, darunter zwei Silbermedaillen der Gastronomischen Akademie Deutschlands (GAD) für die Klassiker »So kocht Südtirol« und »So backt Südtirol« sowie den GAD-Sonderpreis für die »So genießt Südtirol«-Kompaktkochbuchreihe.

SO GENIESST SÜDTIROL:

33 x … Salate, Antipasti, Suppen, Spargel, Zucchini + Kürbis, Kartoffeln, Vegetarisch, Wok, Vollwert, Risotto, Gnocchi, Pasta, Pizza + Bruschetta, Knödel, Klassiker, Fisch, Gerichte mit Fleisch, Wild, Schnitzel, Grillen, Speck, Burger, Eingemachtes, Marille, Beeren, Strudel, Krapfen, Blechkuchen, Desserts, Kekse

Alle Titel sind auch in italienischer Sprache erhältlich!

NEU

ATHESIA VERLAG www.athesia-tappeiner.com

Glossar

Aioli	Creme aus Knoblauch, Olivenöl und Salz; wird im Mittelmeerraum zu Fleisch, Fisch und Gemüse oder auch zu Brot gegessen
aglio olio	Knoblauch-Öl-Sauce, bei der Knoblauch in Öl angebraten wird; wird vor allem zu Spaghetti serviert
Bruschetta	italienische Vorspeise aus gerösteten Weißbrotscheiben, die mit Knoblauch eingerieben und mit Olivenöl beträufelt werden; oft auch mit Tomatenwürfeln und Basilikum belegt
Burrata	Sonderform der Mozzarella; der Filata-Käse enthält eine sahnig-cremige Frischkäsefüllung
Carpaccio	italienische Vorspeise aus rohem, dünn geschnittenem, mariniertem Rindsfilet
Ciabatta	flaches, lang gezogenes italienisches Weißbrot
Crostini	beliebte italienische Vorspeise aus gerösteten Brotscheiben, die belegt oder mit Aufstrich bestrichen werden
Espuma	Schaum; flüssige Speisen werden mithilfe von Kohlenstoffdioxid (Sahnekapseln) in einem Sahnesiphon (Espumaflasche) aufgeschäumt
Focaccia	italienisches Fladenbrot, das vor dem Backen mit Olivenöl, Salz und Kräutern (meist Rosmarin) bestreut wird; kann mit verschiedenen Zutaten belegt werden
Grissini	fingerdicke Brotstangen aus Hefeteig
Kaminwurzen	kleine, geräucherte, luftgetrocknete Wurst aus Rind- oder Schweinefleisch; manchmal auch aus Lamm- oder Wildfleisch; Südtiroler Spezialität
Knödelbrot	in kleine Würfel geschnittenes, zwei Tage altes Weißbrot
Lardo	weißer, gereifter, fetter Schweinespeck
Meerestrüffel	Meeresfrüchte; auch unter der Bezeichnung Seeohren bekannt
Mozzarelline	kleine, kugelförmige Mozzarella
Pressknödel	Südtiroler Spezialität, meist mit Graukäse; die Knödel werden flach gedrückt, gebraten und erst vor dem Verzehr gekocht; wegen ihrer langen Haltbarkeit früher eine bei Sennern und Waldarbeitern beliebte Mahlzeit
Ricotta	krümeliger, italienischer Frischkäse (Molkekäse) aus Schafs-, Büffel- oder Kuhmilch; sehr fett- und kalorienarm
Roquefort	französischer Blauschimmelkäse aus Schafsmilch
Scamorza	süditalienischer Kuhmilchkäse; gehört wie Mozzarella und Provolone zu den Filata-Käsesorten, typische Birnenform

Südtirol	*Deutschland*
Dampfl	Hefevorteig
Erdäpfel	Kartoffeln
Germ	Hefe
Kobis	Weißkraut/Weißkohl
Kren	Meerrettich
Marillen	Aprikosen
Melanzane	Aubergine
Nocken	Klößchen
Peperoncino	Chilischote
Peperoni	Paprikaschote
Polenta	Maisgrieß
Rohnen	Rote Bete
Rucola	Rauke
Schwarzpolentamehl	Buchweizenmehl
Topfen	Quark

Unterschiedliche Temperaturen beim Backen

Bei Öfen mit Ober- und Unterhitze wird die Backtemperatur um 10–20 Grad höher eingestellt als bei Umluftöfen.

NÄHRWERTANGABEN

kcal steht für Kilokalorien.
kJ steht für Kilojoule.
E steht für Eiweiß.
F steht für Fett.
KH steht für Kohlenhydrate.

Autoren

Heinrich Gasteiger

stammt aus Luttach im Ahrntal und wohnt heute mit seiner Familie in Lana bei Meran (Südtirol). Der Küchenmeister und langjährige Kochfachlehrer an der Hotelfachschule *Kaiserhof* in Meran gilt als Lenker und Denker in allen Bereichen des Kochens. Wertvolle Erfahrung sammelte er schon in jungen Jahren in renommierten Küchen der europäischen Spitzenhotellerie (etwa in Gstaad, Lugano, Seefeld und München). Über viele Jahre war er danach mit Leib und Seele Fachlehrer, um jungen Menschen die Liebe und Leidenschaft für den Kochberuf weiterzugeben. Heute organisiert Gasteiger Events und ist als kreativer Produktentwickler sowie als innovativer Food-Designer im Lebensmittel- und Feinkostbereich tätig. Außerdem ist er ein unermüdlicher Autor von Kochbüchern, die allesamt zu Bestsellern wurden.

Gerhard Wieser

ist in Rasen im Antholzer Tal aufgewachsen und wohnt heute mit seiner Familie in Meran (Südtirol). Ist Küchenchef im Gourmetrestaurant *Trenkerstube* im Fünf-Sterne-Hotel *Castel* in Dorf Tirol, das er u. a. zu zwei Michelin-Sternen und drei Gault & Millau-Hauben führte. Der Küchenmeister (und diplomierte Diätkoch) gilt als kulinarischer Tüftler und handwerklicher Perfektionist mit großem Ideenreichtum – seine leichte Küche ist eine durchdachte Symphonie aromatischer und schmackhafter Zutaten von allerbester Qualität. Erfahrungen sammelte er bei Spitzenköchen in Europa und Asien. Neben zahlreichen TV- und Radioauftritten ist auch er als einfallsreicher Bestsellerautor und engagierter Produktentwickler im Lebensmittel- und Feinkostbereich tätig.

Helmut Bachmann

geboren in Antholz-Mittertal, wohnt mit seiner Frau und den drei Kindern in Mühlbach (Südtirol). Der Küchenmeister unterrichtet als Fachlehrer seit 1983 an der Berufsschule *Emma Hellenstainer* in Brixen. Für die italienische Köche-Nationalmannschaft nahm er an Wettbewerben in Frankfurt, Luxemburg, Basel, Chicago und Wien teil und wurde mit mehreren Goldmedaillen ausgezeichnet. Bachmann ist Mitglied im Weltbund der Kochverbände als WACS-GLOBAL MASTER CHEF. Er organisiert und leitet seit vielen Jahren die Küchenmeisterausbildung in Südtirol. Als Referent gibt er sein Wissen auch bei Workshops und Kochseminaren im In- und Ausland weiter. Weiters hat er zahlreiche Fachartikel, Rezeptbroschüren und Kochkalender veröffentlicht. Er ist Bestsellerautor verschiedener einschlägiger Fachbücher.

Das Autorenteam bedankt sich bei folgenden Partnern

Küppersbusch

Für Küchen mit Stil
www.kuppersbusch.it

Platinlux

Licht ist Leben
www.platinlux.com

RESCH
INTERIORS

Echtes Handwerk, von der Idee bis zur Ausführung
www.resch.it

Register

Rote Seitenzahlen weisen auf Stichwörter im Rezeptteil hin.
Stichwörter mit **grauen** Seitenzahlen betreffen die Texte im Kapitel »Wissenswertes«.